本書爲成都市首批哲學社會科學重點研究基地——成都歷史與成都文獻研究中心2018年度重大項目（CLWX-ZD001）成果

明蜀王文集五種

（一）

胡開全 主編

巴蜀書社

圖書在版編目（CIP）數據

明蜀王文集五種/胡開全主編．—成都：巴蜀書社，2018.9（2019.10 重印）

（巴蜀文叢）

ISBN 978－7－5531－1040－0

Ⅰ.①明…　Ⅱ.①胡…　Ⅲ.①四川－地方史－明代　Ⅳ.①K297.1

中國版本圖書館 CIP 數據核字（2018）第 206707 號

明蜀王文集五種

MINGSHUWANG WENJI WUZHONG

胡開全　主編

責任編輯	王　雷
出版發行	巴蜀書社（成都市槐樹街 2 號　郵編 610031）
電　　話	總編室：（028）86259397
	發行科：（028）86259422　86259423
網　　址	www.bsbook.com
電子信箱	bashubook@163.com
排　　版	成都春曉印務有限公司
印　　刷	當納利（上海）信息技術有限公司
版　　次	2018 年 12 月第 1 版
印　　次	2019 年 10 月第 2 次印刷
成品尺寸	240mm×170mm
印　　張	137
字　　數	2000 千
書　　號	ISBN 978－7－5531－1040－0
定　　價	980.00 圓（全四册）

影印版序

朱元璋建立明朝後，按『分封建國，以藩屏周』的原則，在東南諸直省以外，將自己的兒子封爲藩王。他的第十一子朱椿被遣往成都，封蜀王，謚號曰『獻』，是爲蜀獻王。蜀王一支，固然不是明代最重要的藩王，但其事蹟確有不可忽視的特殊之處。

首先是朱椿對文教的熱衷。他開創了『以讀書禮樂化一方』的經營策略，在尊儒、尊佛、尊道、尊農方面都有非常具體的措施，爲蜀藩留下了重要的『獻王家範』，更爲實現明代的中華大一統作出了卓越的貢獻。明孝宗指出：『恒稱蜀多賢王，舉獻王家範爲諸宗法。』通過本次影印的《獻園睿製集》等五部蜀王文集，可將『獻王家範』詳盡呈現出來，使得這一具有全國典範意義的家範，有了可以細緻探討的空間；與此同時，明代王室成員群體的精神世界也有了可供研究的材料。

其次，此番影印的五種明蜀王文集，本身

便是蜀藩的一大特色。明代藩王著述較多，留存下來的也不少。若僅以數量而論，蜀藩並非最多。但是，五種蜀王文集前後相承，從明前期延續至明中後期，其系統性、重要性、稀有性均不可忽視。試以例言之：《獻園睿製集》内容多偏嚮世務；至《懷園睿製集》則轉爲吟花鳥、注月露；再至《惠園睿製集》再度升華家法；最後的《長春競辰藁》努力嘗試融入士人群體：其間變化深刻反映了明代藩王群體境遇的變遷與心靈世界的變化。

同時，通過統觀五部文集，能理出成都社會經濟發展的一些綫索。『成都十景』反覆在蜀王們的筆下出現過三次，構建起動態的社會經濟狀況。如從獻王眼中的『所在宫寺十之一也』，到惠王眼中的渡口『北來南去何時歇』，再發展到成王眼中的渡口『估客晚來凝望處，梨花沽酒趁青旗』，生動展現了成都經濟和社會的發展過程。五部文集，配合地方文獻和實物資料，爲研究四川明史提供了不可多得的資源。

筆者關注明蜀王陵墓群多年，遂特別留意與之相關的資料。二〇一六年得知日本公文書館有四部明蜀王文集的孤本。二〇一七年年初，筆者自費偕李思成君、小女贊旻到日本東京國立公文書館拍照，二〇一七年年底再赴公文書館取得影印授權。此次得巴蜀書社出版，以嘉惠學林，今後圍繞它展開的相關研究成果一定蔚爲壯觀。二〇一八年六月二十一日胡開全志於龍泉驛楠柏齋

明蜀王文集五種目録

三之廿番

獻園睿制集 四冊

〔明〕朱椿撰　紅葉山文庫藏

明成化二年刊本　十七卷

獻園睿製集 一之三

共四冊

獻園睿製集序

我
太祖高皇帝奄有天下
曾祖獻王分封於蜀建
國之初日接鴻儒碩
士吟哦六經討論羣

史深明心法之要益隆治道之本撫士民宣德化而弦歌之聲禮義之風溢於邦域而被乎邊夷也然

獻祖仁明濬哲出乎天

縱吐辭立論不外倫理辭令書序贊記詩賦若干篇我切恐久而湮沒當嗣國位之二年命教授葉著編次成帙集工鋟梓以

永其傳嗚呼我
祖睿思弘博詩古文雄
文有以見政事之實
詩有以得性情之正
若麗天之雲行風之
水流動變化自然成

章一一皆自己胸中
流出誠有補於風教
非空言也豈若詞人
之作必於一字一句
惟求其工而與道違
者比哉

成化二年歲次丙戌
春三月朔日曾孫
蜀王謹書

獻園睿製集目録

卷之二

辭令

卷之二

卷之三

序

卷之四

書

與岷府書　與秦府書
與全弌老仙書
卷之五
讃
賜長史陳南賔像讃
賜張安伯像讃　傳讃
賜和景曾像讃
賜万教授像讃　賜夏伯時
賜王紳　賜廖琛
賜胡志髙　賜范煥

卷之六

表箋

卷之七

卷之八

祭文

卷之九

祭指揮同知陳節　　祭指揮僉事蔣琮
祭指揮王寶　　祭百戶吳受
祭良醫張思敬　　祭寶曇和尚
祭比丘妙雲　　祭道士王元亮
祭指揮沈銘　　祭指揮同知鈕炳
祭千戶夏福　　祭百戶胡貴
祭鎮撫李成　　祭張逢道
祭指揮同知劉暹　　祭千戶毛海
祭千戶張允昇　　祭千戶禄全
祭良醫正夏庭樹　　祭董宜人王氏

卷之十

祭副千戸梁琨　祭指揮同知李導
祭千戸胡璞　祭指揮僉事劉淵
祭指揮僉事尹林　祭審理正翟克銘
祭左長史陳南賓　祭指揮潘永
祭左長史陳南賓　祭指揮僉事張志
祭指揮同知鄭義　祭指揮使安配
祭指揮同知鄭義　祭指揮僉事吴經
祭鹽運副使李揖　祭昭覺寺住持純濟
祭指揮莊安　祭指揮僉事盧思
祭宣慰司同知羅欽　祭奉祠副張安伯

卷之十一

祭百户賀其
祭徵士魏文淵
祭指揮僉事周斆
祭百户童成
祭所鎮撫丁剛
祭右參政房吉
祭按察司僉事顏憲
祭昭覺住持佛果成翁
祭劉長史父劉誠
祭黃駙馬
祭外甥淮兒
祭兵部尚書單安仁
祭無爲眞人張宇初
祭千户宋春
祭三學住持清愚
祭聖壽寺住持善英
祭茂巖和尚
祭楊宣慰母田氏
祭良醫阮毅母王氏
千秋奠素

卷之十二

記

引

跋

賦

銘

七言古詩

卷之十四

七言絕句

卷之十五

五言律詩

和馬壽九日　賜長史陳翼
和教授顧祿　和秉字韻賜顧祿
和秉字韻賜守欽　和張典寶致仕述懷
答彭孔脩典簿　賜蔡長通入新宅志喜
和廬陵李子儀　和括蒼祝廷心遊草堂
和廬陵鍾絅九日賜燕
和教授顧祿贈僧守欽詩
賜鄭長史還金華　和教授顧祿謝恩詩
和典寶正致仕張璧書懷
悼鄭醇翁　夢安老大夫

卷之十七

雜著

獻園睿製集目録

辭令

諭長史司

古語云君使臣以禮臣事君以忠又云爲人君止於仁爲人臣止於敬況古先聖王式黃髮下卿位曰伯父曰叔父曰伯舅曰叔舅曰師臣曰友臣曰都曰俞曰吁曰咈曰皐陶賡歌而舜拜之曰益進昌言而禹拜之曰周公獻卜而成王拜之君臣之際何其盛哉予生千載之下恨不目擊當時以爲慶幸茲者頗有得於聖經賢傳之旨聞於洪儒碩生之言敢不拳拳服膺效其萬一今後府僚恐有輕重過犯苟非罪惡昭

著不得已者不行示辱但當諭之以理或俾上官戒飭或令同列勸勉或請賢者化導彼皆不省然後加以薄責期於必改而已書曰成王畏相又曰刑不上大夫又曰不得擅殺大夫又曰不殺賢士大夫美哉美哉良心良法令長史乃予之家相儒臣乃予之賓友苟非其人安能逃識者之清議是獲罪於斯文非予敢加責也

盖聞廣孝以化俗推恩以及人王政之本也今府中文武羣臣有垂白之親者或已在官而或尚留故鄉其祿雖足以自給然賓祭婚喪之用皆於此焉出所費至廣安能奉養而無闕哉今訪問有具慶者及父在者母在者定為三等歲時給

帑藏以助群臣之供養詩云孝子不匱永錫爾類旨哉言乎若夫移孝爲忠誠有望於諸公也其懋敬之哉

諭三護衛

古之人臣同朝事主出則有協恭之美入則守事上之誠是以羣居則咲語雍和乖戾之氣不形於顔面在朝則奉公持正竭忠盡職而無阿比之私惟其和而不同是以於君臣之義僚友之道兩得而無憾也後之爲臣者不然過於僻戾者或相訐以示其無私不能自立者或詭隨而失其所守剛則至於傷僚友之情柔則至於昧君臣之義予甚厭之惟爾三衛之臣皆折衝禦侮之才而任股肱爪牙之寄其可不以古

之良將名臣自勉乎昔馮異謙退不伐行與諸將相逢引車避道其待僚友之和可知矣吳漢斤斤謹質形於體貌朱然終日欽欽如在行陣祭遵廉約小心克己奉公其敬慎如此豈有阿比之失邪汝等勉焉忠正無私鬼神佑之不思報國天不降福各務存心善道以忠誠奉國事以和順待同列無以智計相傾以陷於刻薄無以私邪自營而怠於報效小大相師使風俗歸厚以副予藩屏帝室之意其懋之哉

問左長史陳南賓 二

卿股肱老臣猶吾一體純德令聞國人所瞻近賜安車俾乘以朝謁以致尊老優賢之心而忽嬰微疾浹旬不出渴聞篤

論靡忘于懷國之政事任諸僚佐不以煩吾耆輔其省思慮
親藥物蚤臻康復遄駕入朝稱予意焉
令諭長史陳南賓曰叟聖賢之學啓沃之功惻怛之心愷悌
之政不求於君而君敬之不求於人而人服之是故保乂王
家表儀僚寀格于上下無間邇遐致予於寡過之地成功於
朞歲之閒非我碩儒曷爲羽翼今爾年過七旬卧病數日言
報不懌遣視至再茲聞疾旣瘳矣云復初矣尚期節以食飲
輔以藥石毋勞爾形介其壽康惟予小子永有賴焉故諭

勸學教

天之生民氣有淳駁而理無異致故昏明強弱淑慝之不齊

者氣之殊也皆可由教而入乎善者性一故也然天能生人而不能養之地能養人而不能治之君能全天之生遂地之養有兼天地之功矣苟無以教之猶非治之盛者也治莫加于唐虞而必曰正德道莫高於孔子而謂富庶而教則夫教民者豈非有國之要務哉我　國家全有三皇五帝之天下攘除胡夷汛掃汙俗肇建倫理修明禮義雕題辮髮之邦烏言猴冠之氓皆被章逢而誦典誥亦既美矣予荷　宗廟之靈　皇上恩命分封于蜀至國以來惟恐不能撫輯士民移風化俗以稱君親屬任之意今學校非不多而奇才高行之賢未覩誦說者未嘗乏而知道成德之士未有聞豈老儒舊

學淪亡而無師法歟將明睿聰達之資鮮而自強力學者無其人歟抑有司不能宣揚　上德而致是歟無乃予之德薄能寡無以表率士大夫而然歟蓋居上而無以化下王公之耻也受上之令而不能達乎民有司之責也教化備矣而風俗未厚節義不立倫理不明亦爲士者之深辱也昔文翁漢之守臣爾一興學而蜀之諸儒聞四方今予播告于上蜀之搢紳寧異古之人乎其尚變浮薄崇敦厚秉廉讓戒荒惰孳孳乎聖賢之道以善其身以化其鄉俾弦歌之聲洋溢巴境禮義之俗漸被夷貊忠君孝親夫和妻正以永我國家無窮之基豈不休哉士大夫其思所以稱予意焉

諭和典寶 二

聞爾病篤特遣醫者往視復知爾無害但感時氣爾可善自調護況掌書籍者無人理會一日無爾則必紊亂若明日果無大病亦可至書房一次也

自遷書閣之後抱病不能趨朝意架閣之勞爾躬若是故予軫念不釋特遣醫往治賜以良劑爾其善自調護以速痊瘥尚期饗華饌香醪於悠久幸而不聞薤露之詞則予乃懌

諭明長史 二

長史明德詳雅可人惜其無羽翼之者可借蜀漢本末蕭郎寫本令彼熟讀切記尚友千古擴充器量增益才智以佐成

政務豈不休哉
卿奉公謹畏居官廉潔杜門謝客避遠權勢府中庶僚鮮能
出其右者予是以取之又進而勉之特賜氷蘖顏其退思之
齋可號氷蘖生尚為君子稱予意焉

賜右護衛指揮同知李遵等營園寢畢工燕勞羊酒
穀米
有敎卿等既畢玄堂復新祠宇功克成於衆力事皆合於予
心深懷任使之勞特有肥甘之賜尚其燕樂以副寵褒

万漢中 三
宋公殁後門生故吏多散在四方天台万某 亦薦之朝仕於

漢中而雅性不喜佛著書立言專以排佛爲己任自謂三百年無此作矣雖韓歐復起有不能易吾言其志誼淺淺哉或者謂生以宋公爲師宋公師黄公皆崇尚釋氏而生則異趣豈獨以師說爲不然歟予聞之曰否文中子謂佛爲西方聖人若此生亦聖人之徒也制行有令時浮圖所不可及雖曰不學佛吾必謂之學矣

公西州士之冠冕有識者無不心悅誠服而新學晚生亦有所依歸也予一日不見有如三秋況在遠道乎先民有言能自得師者王又曰務學不如務求師良有以哉

予以眇躬藩衛宗社之重亦必慎柬賢良以備顧問𠫊懿文

清節有東漢之風尚志立言為當代之重祕閣閑書燕間賜對經帷進讀道德坐論矧乃郡庠之責學課之繁別既數月良非得已忠言嘉謀予所飢渴竭乃心力副予眷待遺書指不多及

賜張子壽 二

張君子壽予藩邸之故吏也兼君臣師友之契者二十載于茲矣雅好著述雖老師宿儒亦或有所取焉惜乎未嘗遊學於南方君子之邦而為北鄙氣習所拘然今耄矣尚期交遊士林孜孜不倦以志帥氣老而不衰可以為吾之子布也勉之勉之副予所望

嗚呼安伯之在予側有所不憂憂之未嘗不爲之思有所不知知之未嘗不爲之言俾吾舉措施爲失其宜者殆少抑賴安伯左右之也然知安伯者誰歟設仕於齊亦將與操瑟而往者異乎

河東張安伯子壽不強之士與人絕無欵曲誠有毅然難犯之色雖在高位者亦或遭其呰毀待同年則行行如也每鴻儒碩士論史談經之際安伯則奮髯努目是非鋒起人皆畏之側目間言古今名臣所取者不過數人爾其剛猛嫉惡殆天性然若夫酷嗜學問老而彌篤黃老醫卜之術靡不究其底蘊名山奧區遊歷且遍登高履險視若平陸虎豹縱橫畧

無退縮入於大澤遇迅雷烈風之變竟夜安寢觀者偉之噫衰殘之齒勤苦不厭壯者似有所不及爲可尚也

諭馬指揮

令諭金吾後衛指揮馬俊予觀歷代貴戚之家鮮克由乎禮義其有出類超羣者豈不誠大丈夫哉惟爾友于兄弟克施有政立身揚名以顯父母以故受知 至尊擢執金吾此古人之所願欲爾能有之尤望求古仁人之心慕古良將之風無忝爾祖則予爾嘉

賜余奉祠

余奉祠琳年雖富而心甚老好賢樂善有學有識其清修卓

行類前輩諸君子之風予幸得其爲臣暇日聆其言論察其志趣心甚嘉焉故扁其堂曰直清

賜夏伯時

夙興夜寐箴者迺天台陳茂卿之所撰而同郡後學黃子方爲長史時所獻也予嘗命書於屏爲昕夕進修之助長史陳南賓博雅君子也尤拳拳服膺於斯者有年見之加歎累日予於是益不敢忽焉今年春得廬陵夏伯時操行謹飭無愧於士故特錄賜俾歸以自勗而且授諸學者由茲而入聖賢之域厥功懋矣

諭何璟鎮撫

令諭鎮撫何璟爾兄能繼爾父之志用是簡在宸衷高擢峻班以代西平生前之任不其偉歟惟爾曩者侍吾竭其心力當時左右之臣未有爾之比焉爾之去吾三載每念爾之勤勞未嘗忘乎寢食胡宗之逥肯與偕來則能副吾之望也矧爾兄鎮禦雲南就便省謁忠敬友悌可不勉哉

賜權良醫張忠

聖人之心一視同仁疾痛苛癢舉切吾身

賜黎教授讓

黎解元讓習八分書蓋聞建寧遠安之風而興起者昔人謂結交皆老蒼吾見其人矣撫卷三歎書以勗之

賜蕭寅

成都寓人多洪儒吉士惟寅出乎其類者也平日篇翰膾炙人口者江海之上頗能誦之今觀此論尤足見蘊於中者若是之竒

寅也有簪笏氣象惜爲滄浪客也古有江湖散人惟其有之是以似之

寅少類豪俠讀書通大義鄙爲章句儒切於干祿而不遂是以浪走江湖之遠者幾廿載餘晚歲頗尚老莊嘗從其徒學焉更好游名山若岷若峨皆我西土之巨鎭釋子仙翁之所棲止凡俗無知之人不能往焉寅聞之策杖而凌絶巘翛然

有御風輕舉之意迺今之人罕有及之予聞而喜欲觀異日學道之有成故書此勉焉

與傑性空并偈二

三教聖人多生於北方若夫子生於魯老子生於宋惟佛教西來而始於東京皆自北而南此理之斷然而無可疑矣其所以繼往聖開來學者佛氏爲尤多矧今 國家尊其教重其人宜乎有輔教之士出而爲叢林之光誠有待夫時緣之至與甘泉長老傑性空聞諸北方之學者未能或之先也若性空果能有爲於時非但不負 國家外護之恩亦可爲北方之衲子出色矣今子西遊峨眉以予言出示寶曇和尚必

當爲點首
中原自古多豪傑世出世間無可説當今衲子豈無人初見
性空并性徹
一生走徧四天下叅請都來五十三峨眉今去瞻光相千佛
巖前見寶曇
令諭白水普賢禪寺前住持原傑近日小沙彌來知爾遯於
縉雲山中不染世緣耐心辦道兹遣舍人邵洪賫絹六匹布
六匹助爾山居之用爾宜蔵名林壑甘老烟霞莫起凡心休
貪利養思前輩達人所謂有客若來休問事得便宜處莫再
往爾能玩味斯言則終身受用不盡故諭

諭僧圓行

令諭前梵安講寺權住持圓行昔之爲僧者志行清潔通於神明不貪不諍不謟不佞權勢那得屈貴驕那得傲世俗那得友今之爲僧者著邪棄正忘其眞實以小黠為智以小恭爲足飽食終日無所用心經業未通文字不决反拜俗人恬不爲耻予聞此間之贋僧職住持者皆然噫可不哀哉惟爾圓行則不然甘苦樂貧財色不顧奉持淨戒與世不羣亦可謂介然之士也矧此方自經兵燹梵刹荒蕪講莚並廢予恐新學無聞命延有道者居之僉曰圓行可召至與語愛其情眞遂留說法於是今年邁矣營退居以佚老焉工告成宅爾

宅特遣近侍官賫袈裟一頂鉢盂一副往賜之至可領也故

諭

諭張蓬道

令諭全真道人張蓬道曰惟爾生遭季運長值亂離負中原之豪氣却服賈於遠方遁生饑饉之際全身鋒鏑之間遂不求於聞達乃藏名於道流遇乾坤之開泰覩九五之龍飛同巢許稱臣之日實黃綺從遊之時安然履道樂以忘憂靜則觀其妙動則觀其徼仰不愧於天俯不怍於人慕乎古者惟博大之真人望乎爾者知有道之高士口誦五千餘言閱世九十四歲好夫上天之樂常思下土之遊故諭

諭陳長史 二

卿前者所撰靈籤文句典雅辭旨條暢有邁古之風何古者往往弗答來言可別撰祭文一通擇於初三日用遣紀善張安伯禱於南瀆之神願降靈應以遂臣民求福稽疑之心觀夫老長史其學可以潤身其才可以治事宜乎出於羣英之右冠於百僚之上者也惟卿從容墳典坐鎮雅俗可無憂矣

諭明長史 三

爾以白面書生筮仕未幾變故荐臻素履弗渝可謂勝恒人遠矣善乎蘇長公曰平生學道專以待外物之變非意之來

正須理遣耳勉之

聞爾丁外艱如摧隕何但以公牘未行只宜心喪自持強起視事待得邸報趣裝北歸未爲晚耳

諭右長史明善夫君人者茍任賢能之臣爲之羽翼則其國之庶務鮮有不舉焉者今爾右長史善年雖甚少綽有才華國人譽之如出一口昔賈誼之傅長沙尹鐸之守晉陽較之於爾其齒相及當時之君所以望之者愛其才而不嫌其少也予嘉爾善實有取焉方膺委任以涖羣臣何其染疾踰月弗能造朝予每督醫往視所冀速愈日來疾勢稍迴復能坐以待客予偶聞之喜不自勝茲特遣內使段錦等詢爾起居

爾其省思慮節飲食以自愛故諭

賜鄭長史 二

塡勸祖翁還政乞歸今果如願矣歸田之日構軒於麟谿之上顏曰歸來日與親朋高會一觴一詠以樂餘年豈不佳哉嘗觀孫奭醇德與學勸講禁中二十餘年晚節勇退以太子太傅致仕優游里中一日置宴御詩聽語客曰白傳有言多少朱門鎖空宅主人到老不曾歸今老夫歸矣喜動于色復顧石守道諷易離卦九三爻辭且曰樂以忘憂自得小人之志歌而鼓缶不興大耋之嗟昔人稱其始終全德近世少比今吾左長史致仕義門鄭楷其出處之際視前賢爲無愧矣

特旨此以褒大之且俾世世萬子孫典其家業而毋墜云
漢武帝元朔二年以孔臧爲太常上欲以孔臧爲御史大夫
辭曰臣世以經學爲業乞爲太常典臣家業與從弟侍中安
國綱紀古訓使永垂來嗣上乃以爲太常其禮賜如三公
左長史致仕楷及其從弟翰林典籍樆皆義門鄭氏九世
孫而文行卓然爲一時禮讓之士所宗與此事殆相侔也
今楷東歸啓迪後昆大明吾夫子之道以開來學則他日
麟溪亦小闕里也於乎聖希天賢希聖士希賢覽是篇者
可不思所企哉

付王孟炳紀善 五

東海紫霞生居官無忝可謂光於前人矣

觀行可之肥遯亦大之清白則王氏子孫之賢從可知矣信

乎如木之有本如水之有源本固者末必茂源遠者流必長

猗歟盛哉

意采徹亦爾之先代歟何此編之不爲他人有也西域鶻年

稱爾爲神仙清白之裔豈其然乎

樓宣獻鑰袁文清桷皆四明之良産也誦其言不忍去手盖

歎今時無此輩人近年事吾藩者得王生彪亦四明人理曹

務而性勤敏以是爲上官所忌而予默識之有日矣視彼輕

俊少年稱頌在位者之才之德不容於口者則有間矣於戲

尚思勿墜爾祖宗徽高尚之風則予猶有望焉
義門豐於待賓儉於自奉誠可嘉尚老彭暮年歸東海之上試一過之以觀禮也
鸛年徵士移居武昌所謂襄陽耆舊間處士節獨苦歸途爾徃拜之道吾鄭重之意且諗西遊之興也

獻園睿製集卷一

獻園睿製集卷之二

諭寶賢諸儒 二

虞人入山澤逢穀於菟於岩下遂置諸槖中以歸獻于靈囿玆特以示從官耆艾之士陳留張璧等若干人俾爲歌詩以述其事云

顧祿不祿令人慨念不已豈可使子儀復東歸耶

此有道者號曰非幻暫憩石門山中雅重子儀之問學者試以此語及之

賜故叟顧祿 三

王時步至齋殿適几上有寶研詩三篇愈出愈奇信乎佳作

[illegible]如之賦恨不與之同時余亦讀爾之詩恍然
[illegible]嘉歎之不置故書此以識之且以金[illegible]
[illegible]養
再和[illegible]韻詩愈出愈奇信非顧況不能也國中詞翰宜推
第一學士大夫盡取則焉
[illegible]瑞方覺適小璫告[illegible]承蒙賜瓜果皆持歸以遺
余聞之喜遂書[illegible]
[illegible]
[illegible]冠其爲斯

文之光矣

晉王湛兄子濟見床頭周易問叔父何用此為湛曰體中不佳時脫復看爾昨聞教授用藏暑中微恙卧於北牕之下同官黎讓齋之請告胡不亦取是編讀之苟能一日用力於其間脫然如大夢得醒是乃吾與點也又奚論勿藥有喜六

壽皇註解圓覺經一部又三學山本一部汝與義門醇翁天資近道故併賜之

賜張與寶景辰等 二

高秋令節天朗氣清羣賢畢集於寶賢堂上既飲旨酒來錫難老况有芳英之可餐而頹齡之可制耶吾知陳留老人賸

有豪興酒酣耳熱奮筆一揮堪爲儒林之勝事豈但參軍白首無勳業落帽知名也自佳乎

今歲頗旱守土之臣雩禱弗應我心憚暑憂心如熏迺命教授義門鄭楷禱諸靈祠翌日果雨蓋天之所以彰孝義之家也書云惟德動天無遠弗屆信有徵也寶賢諸儒可贈醇翁宮教禱雨有應詩張老亦然

諭寶賢諸儒張典寶等

去歲上巳禊於河濱一時風流文物殆不減於永和也今年欲修舊典重念宋仁宗以宰相富弼母喪未葬詔罷賞花釣魚宴邇來長史明善新聞父喪哀戚是同亦宜輟此一年也張

璧等知之

送蔡訓導長通

予初出閤權駐鳳陽閱武餘暇日接儒生討論經史是時上饒周誥為太常官屬遇正至必奉祝冊詣　皇陵以相禮祀事既竣乃曳裾從遊多所著作比予入蜀無復相聞厥後吳郡顧祿來為講官數稱啓賢且有蔡錫長通今為夔泮諸生師其才華敏贍風度飄逸要之時流亦不多見得侍同朝祿之願也趣召與語及觀詞藻益歎祿之知人而侍於吾邦者皆以長通況於祿也未幾長通丁外艱去服闋再領渝庠來謁遂相與勞苦而思往昔之遊從令人為之永慨也

諭僧非幻

宋人和淵明詩十三首錄似非幻禪伯暨上首石門師鑒可共和之留爲山中故事豈不佳哉惜乎顧祿死矣西土士大夫無能爲爾賞音者所以子期之死伯牙不復鼓琴魯論云人不知而不慍不亦君子乎非幻以之林外高人若生公之徒說法而白石點首又何假於士哉近代名僧詩云和得寒山秋月句歸來說與石頭聽眞膾炙人口也

賜教授黎讓 九

讓之爲文豈但利於塲屋而已哉宜乎魁江右之多士也予每觀之直欲與老師碩儒競鞭爭先其志可尚矣

病中聞黎解元有戒心鄭老亦然今日始知神人攸祖趨吉避凶從此可無憂矣況知鄭老之季父復膺舊職乃子不履危機一日之間喜事鼎來

前命顧遠安註陶彭澤詩未之能成爾可代之

嘗命老儒張璧編次唐人律詩名爲詩壇鼓吹日居月諸尚未勝纂惟爾才敏年富凡諸文學力所不逮者皆優爲之可助成其美也

吳淞二老聯鑣出郭已有龍門之遊矣歐鄉三子可不與之偕往乎抵暮三子者還二老留宿上方明旦歌詠而歸也

張建寧廖河內黎解元借左經韻賦雨意

京輔舊俗皆謂夏至日食百家飯則耐夏然百家飯難集相會於姓栢人家求飯以當之

端陽後一日夏至可令奉祠栢純具飯以食爾輩

黎教授同張典寶編唐詩可於顧教授編選唐詩内擇其善者增入

觀黎解元作文有感勞以酒果用賦此詩

解元有筆臣如椽授簡無慚思湧泉美醞特頒佳果侑青鐙歸對細君傳

賜蔣教授

嘉平穀旦吉士挺生錫爾流霞以介眉壽

三徑道人有眉山之遊逾月始歸邂逅雲間希仙翁臥病新
起而巽夫自江右來相勞苦叙契闊矧聞塵外之談一洗耳
根遂忘其節序之遷流人生之苦樂也

左執辰翁袂右拍巽夫肩峨眉話真境龍池訪老禪
博雅曾文學齋沐須靜處清修苦節士夔夫爾相與翌日曳
長裾來詣典服所校勘範園篇留傳無齟齬

復古教授校勘龍華大齋儀遂賦口號以示之
復古從知有夙因多生修證等微塵莫言坐斷乾坤窄定
是龍華上首人

蔣卿到此擁爐危坐究徹本地風光豈不罄快平生

戴石屏詩殊有道氣多寫數幅爲佳
茶寮老人葡萄可爲山房清翫
數日來甚有雪意此宜靜道人祈雪之先兆也
諭賔賢諸儒
仲珩此來獨蒙　璽書榮耀亦儒林之盛事搢紳之七分題
賦詩以慶之可也
張李王鍾梁蔡何黎蔣台已分題得十景藹藹見多才
或歌古詩長篇二十一日來進
付何伴讀
惟亮塲屋之文知之審矣今日見所賦白蓮詩有香浮輦路

秋千頃影轉金河月五更之句又喜其能詩也予雖不獲伯
善之賢以爲賓佐而後二十餘年得其才子置諸講官之列
亦可無慊矣

大夫五居士　以喪偶厭世相即慕南宗於元豐慧圓清
滿禪師言下知歸滿一日謂曰子乃今之陸亘也公便掩耳
既而回壇山之陽縛茅自處者三十載脇未嘗至席偶歌曰
壇山裏日何長青松嶺白雲鄉吟鳥啼猿作道場散髮採薇
歌又笑從教人道野夫狂汝今亦喪偶觀此可自遣也

諭胡訓導

金華萬少汲爲山南校官屢至吾蜀特授館于國門之東以

便十子之相與往還若是時蜀人承喪亂之餘皆寡學術闇少汲師道之嚴非所樂見獨胡某兄弟自三榮來始從受授旬月之間議論奮發旣而登其門者虛往實歸某方訓邑人子弟遂捨近就遠願卒其業今春暫歸審其問學之進故舉蔡天啓嘗和秦少游詩云願同籍湜輩終老韓公門以遺之俾勿忘

諭鄭秀才

吾子學少汲者也予爲子扁其齋居曰敬直夫直者譬言之木也晝夜養之雨露滋之則其挺聳昂霄固有日矣否則牛羊過之斤斧伐之雖老以歲月豈能遂其直之性哉今子父母

之賢使子千里裹糧從大人君子而學道焉而子之師所以
授於子者皆濂洛關閩諸賢之正學也此其封植於子者豈
庸衆之可與言哉且子奔走南北壯未有室然而觀之神氣
充溢湛然不動内外交養忘其旅泊尚無問學工夫焉有此
之効驗歟直之爲義大矣哉

孝經子曰參先王有至德要道以順天下民用和睦上下無
怨女知之乎云云　子曰夫孝德之本也教之所由生也

論語君子務本本立而道生孝弟也者其爲仁之本與

孟子堯舜之道孝弟而已矣

聖人格言固多此喫緊爲人處惟曾子有子孟子得之七

十子之徒非不聞而得之日月至焉而已矣後人讀是書者漫不加省傳曰人莫不飲食也鮮能知味也良有以哉聖人之言終身誦之可也吾子盛年敏學當熟味焉歸而問之於師必以予言爲然

諭黃通理

惟爾黃中兼資文武才力過人父子祖孫三世食祿矣近則江漢之間遠則嶺海之外摧堅撫順功績良多茲又建節鉞於吾封域之内識者交譽其賢能予有臣鄭義者聞爾之世契也凡爾來朝必命館於其家復聞夙有方外之遇却疾引年行持有驗昭昭在人耳目信不誣矣邇者内苑獻棗播南

賚特遣內使張忠等持以賜之負諾所謂交黎火棗實爲養生之用至可領也

付王紳 二

華川王紳待制子充先生之仲子也幼孤嘗學於同郡翰林承旨宋公之門性孝謹績學而能文及壯宦遊四方其事大夫之賢者其友士之仁者夙夜匪懈思繼前人之志予是以愛之數加召對勉卒其業且餽之贐俾走南中遂其未申之情茲引夫子荅子張之言書而鏤諸帶使之終身佩服永寶之紳既拜受退而爲文以紀遭逢之盛願學之篤事君之誠藹乎詞氣之間所謂上不負君親下不負所學在此始矣

紳其善爲貽謀無作名門之羞

昨觀賓中八景詩知王紳之學至成都而進進不止也噫非昔之金華王生與何其異於處畎畝之時之作盛唐之風不遠伊邇故加獎勵毋自滿假

付栐昇

文約理明叙事有法實無君子斯焉取斯宜乎試之見求以有若似夫子也昇其勗之

付芒文縝

文縝老生讀書而有幹局者也惜乎白首寒氈時乎遇矣然邇之蠻內遠之鬼方奔月才而見於用接物而人情洽凡謁予

三未嘗不愛其才而歎其置之散地也茶次論及教導之方俾爲之次第翌日來獻肅深有契于予衷遂付之館中抑爲師儒者而今而後則知所以教矣因觀其和滕老二詩遊草堂者殆將絕唱則知文績之作工於選者迺與余公同里閈其閭亂而興起者歟

賜陳長史南賓 二

午前講次聞公所言記人之功忘人之過私實喜之既而內臣進新雕自警編三帙隨手繙閱偶見仁宗之於程琳之事思公勸戒眞名言也非公長者何由聞此傳曰仁人之言其利博哉又曰不有君子其能國乎子是以愛之重之也

卿以儒林祭酒重任有年欣居退傳之榮宜厚宴私之禮日者涼秋肅物致爕調和政倚授經豈勝眷想今遣署承奉副石遇良醫副張孝忠往頒名劑式示優崇

付紀善所

今時武夫悍卒凡遇事及接談率尚罵詈往往皆不可對人言者而施之上下無愧色視以爲當然而恬不知其爲醜也卷此迨非所以靖朝著厚風俗哉宜出榜戒諭此亦助教化之一端胡不可爲先務乎亦有鶃珉效尤者比誠可惟當於篇末并著之

付林良

楮菴記義夫贊皆傑作也然形容楮之功用真有潜溪之家風論述義夫則尤能點出貪夫廉懦夫有立志之氣象也林氏之子其庶幾立於宋門而無怍與

諭伴讀黄立我等

明日享胙後兩伴讀洎曾黎兩教授詣演樂堂試諸生講誦并出對命題以觀課業

翌日日吉辰良四賢俱往各齋比校至初十日黄曾再往通攷至二十日何黎偕往通考每月或二次三次如是通考但差吉辰豈不有助於抱朴子輩也

付典寶正張璧

建寧貳車予之老賓僚也還政之後年踰八袠目明耳聰身亦強健覩其議論慷慨不減昔人亦一時之傑也暇日觀陸山陰詩因書以畀之蓋其聲迹相似也

諭僧原傑

諭飛赴住山原傑爾傑本燕趙之豪士爲吳越之勝遊以是叢林知名者莫不識焉粤來西土三董寶坊鬼方之人尤服其化搢紳君子黄冠野人信乎不信交譽其能昨游大峩同謁予齋居之所歷叙愆侍命入空門之由自嘆平生蹭蹬學業無成不知老之將至有負大恩多矣懇辭歸隱言之哽咽予欽憫其情而寔壯其猷遂未果許乃俾往觀飛赴之區既

而留鎮名山可爲終老爾其體予至意益慕前修克昌厥後豈不休乎

付余潮

昨觀退軒詩藁知廼父號退軒然則汝宜號進齋進之意者欲其進進不已而造於高明之域也庶使家聲不墜於將來而四明佳士之有子也嗚呼繼人之志述人之事惟敬懋之哉

諭僧仁濟

靈峯寺距國城之東八十里寔唐高僧闡化之地由是言嘉遯之士代不乏人邇來兵燹之餘振墜起廢非大方宗匠孰可

惟爾仁濟謁予濠上許以驅馳三到蜀中不忘宿諾四方之賢有若金華鄭棊等皆以黑衣宰相目之遂命補茲法席顯持聖教已於九月十一日入院訖今特遣署內典寶事段祥等往彼慰問賜米一十碩至可領也故茲示及

諭胡訓導

曩者蜀中文物之盛與閩浙相爲頡頏而今也寥寥可爲太息爾以英妙之年抱高遠之志不溺於安土重遷思欲騁懷游目而迺宦學於名士之門挺出庸俗之表每觀寄至友朋詩篇簡札詞翰不凡異乎諸子之撰方知問學之日富矣是故不徒爲爾之益又足爲鄉邦之表率也若夫命名之意尚

期無負於初惟爾勉之

諭陳長史南賓

青城洒岷山第一峯而長生觀又青城之最勝處也歷代登眞之士罔不隱居於此所謂人境俱勝之地在昔張天師之靈踪異跡至于今而不泯焉有若范賢之挈家知奸雄之不足以輔譙定之嘉遁因君相之不用其言又有若劉髙尚先生之辭榮婉希晏良將之避難與夫州牧郡守之題名文人才士之賦詠備載不遺猝難枚舉我聞君爲人神主矧茲名山實爲道德之居祈福臣庶之所香火千禩而今爲隳典在邦域之中可不懼乎必愼擇其人以奉舊典其敢緩焉德星

老人據此以揮大筆

諭劉海隆 二

青城山長生觀今命全眞教渭南劉海隆道人主管其事海隆能辯論以禦外侮善方藥以療札瘥劑飲大嚼勇往力行

全眞劉海隆道人入環堵之居究先天之妙如人飲水冷暖自知彌月之間音容莫覩靜中消息可得聞乎茲遣內使楊麟黃忠同爾鄉人百戶馬馴往賜時果勉其進修

付諸山大德仁濟守欽求謙德新惟實汝壎

月餘之間不獲與諸山大德覿面者爲因政務悤冗又兼夏

秋之交殊苦炎熱是以久稽道話也茲者內苑之棗熟及播南入貢之棃來特遣內使鍾祥等賜爾諸山大德服之可以愈沉痾可以療飢渴道家號曰交棃火棗聞之鶴巖羽士則知之矣

諭僧古舟等

三子皆出於蒲翁而其才各有所長古舟侍師左右多賴匡持近代以來功績尤著取經而度不憚載馳殆可爲政事科也古銘閒住名山特爭論薦清談雄辯懷抱灑然殆可爲言語科也古韶癯然其形若野鸛之鳴皐篇章浩瀚句律精嚴縉紳推服不減前輩殆可爲文學科也予又追憶往昔有鍠

聲外清風絶塵和氣煦物迺翁平生之所鍾愛漻而知其爲
入室弟子殆可爲德行科也不幸寂滅爲樂眼中獨不再見
故并述於此云

諭僧 二

蜀中賢哲之士代不乏人若馬祖一船子誠圭峯密德山鑒
大隋眞香林遠雪竇顯五祖演圓悟勤圓通訥佛眼遠白楊
順竹菴珪梁山遠無準範諸師者非惟一國之善士乃天下
古今之師表也亞於諸師者亦皆命世英才法門偉器尤莫
能殫舉悉見傳燈諸編盖可考也何居嘗觀東坡以蜀土與
吳楚閩粵並稱以其人之根性穎悟者多故也粵自胡元入

主中國風移俗易蜀士類習胡風樂於放逸安於暴棄於是
儒老釋三教日漸淪胥矣有能志節高邁識見超卓者則不
爲流俗所移必遍謁諸方多經爐鞴然後具頂門眼爲天人
師吾嘗聞其人矣若雪窓光斷雲徹拙菴智之輩容或似之
其有未出鄉井蚤遇知識已則大事未明委身而親炙之得
其謦欬之餘而又能淑諸人人遂爲一鄉一邑之所敬仰迨
夫年已衰暮猶持滿盈之戒推賢讓能見善如不及若斯人
者豈不爲明達之士乎吾將見其人也偶讀佛法金湯編遂
書此以警吾邦叅玄之士且著吾不忘靈山之付囑也諦聽
吾言勿怠勿忽

夫出家者以高尚爲宗賢哲是慕先聖遺言可師可則非求溫飽也非求逸樂也非圖利養也特以生死未明故割恩棄愛蒙塵被垢混迹叢席中專以勤勞爲務故有腰石負舂祈薪炊爨爲人之所不能爲行人之所不能行披星戴月孜孜於是猶恐失之以是論之僧豈易爲哉觀今之爲僧者則反是濫形緇服以避　國家之職役不顧父母之劬勞假形竊服專以利己爲安於是有假名而濫膺信施者有之有行商貿易者有之有因時避役肆行奸詐者有之有冒稱師法聾瞽後學妄行披度者有之又有等白衣專事應緣僭居僧上羅略施利歸養妻子恬不知覺者有之如斯之類不可枚舉

故楞嚴經云云何賊人假我衣服稗販如來造種種業此等皆地獄種子非濟世之舟航也自今已後非正因出家者不許擅自披剃童行有役占者不許擅自出家白衣不許羅攬赴請應緣妄求施利歸養妻子如斯等類非惟冒干 國憲抑亦深招冥報他日陷百刑之獄非細故也爾曹知之

付教授蔣夔 四

衆人啄腐吞腥惟子吸風飲露可謂難能矣

夔夫教授君子儒也余甚重之暇日觀陸放翁詩遂書以勉之夔夫宜深味其言可也

教授蔣夔修身飭行清苦卓然粗通修真養性之旨洒望道

而未之見者盖善人君子也茲還鄉祭掃道出　大藩故及之

此帖乃別録一本以賜教授蔣夔子子孫孫永永寳之蔣氏子孫代出名儒其有嗚珂遊帝都亦有白日昇天衢爲善之報良有矣夫

蔣教授今日可往淨因蘭若訪前長松符長老渠日本人嘗侍巾瓶於龍河官寺得全室翁古隷之傳

賜義門鄭楷

叔度以正率其家而子弟無一人敢爲非義者古之叔度豈非今之叔度耶

王生既有親舍之歸老懐於此興復不淺必欲與之偕行則扁舟下吳會此其時也否則百花潭水即滄浪又何必白麟溪畔也耶

新製温公帽一頂公退之餘燕坐齋中便裹頂帽于以著德人之容觀也

角黍蒲觴須招黃伴讀立我與之共享且爾二人乃黃綺之徒文學之老者斯聖人養賢之意也

觀義門諸先正類多格言所謂詒謀燕翼之道可傳於天下後世豈特鄭氏子孫爲然也且其六世祖諱文融七世祖諱欽父作了述世濟厥美伊洛關閩萃于一門藹然仁義之門

巍乎聖賢之學語曰士希賢賢希聖此之謂歟瞿手捧讀拱
璧無前是用勒諸貞珉以詔我後人遂識於此云仍別書以
賜其九世孫教授楷俾藏于家塾永以為訓
昔宋章聖遣使繪魏野隱居圖以觀予亦景慕鄭氏義居特
命寫于丹青何異命駕親往豈不快於心乎噫使我夢遊其
地是又斯世之華胥也
教授鄭楷乃義門九世之白眉者嘗遊翰林承旨宋濂之
門獲與入室弟子之列及爲講官大夫士復號之曰醇翁于
時年踰六袠神觀精明視聽不衰或謂此可驗翁平昔覆踐
之篤是誠然也今春二月偶因微疾不能造朝特遣中使挾

醫往視遂作此以訊之
六袠脩齡保太和此身應似老維摩病中還得眞消息八
面風來柰汝何
文杏近於日邊枇杷安於晚翠此古今之佳品宜長者之先
嘗故令馳賜也
義士獻園柑思其風味宜登君子之俎特命分甘以及於翁
也於戲唐虞之世比屋可封則人皆有曾閔之行矣方今
大明御宇禮樂聿修寧不有望於鄭氏父兄子姓爲之興起
孝弟仁讓之風於四海乎是日履長之慶君子道長正宜與
翁共之至可領也

教授鄭楷文學行誼爲東浙薦紳士之冠及官藩國人皆曰鄭宮教似古君子由是聲譽藹然不減於諸父濟之華也晚失偶遂不復娶室中一婢亦挈以遺紀綱之僕友生交勸之不爲少動予聞其清心寡欲味道爲樂乃命録示清容居士跋米襄陽帖數語爲朝夕進脩之助且以爲麟溪他日之故事云芎䓖笋萌杞菊之苗乃風土所宜雨露所滋翹乎超於衆卉之表允爲幽人之食品故前登名於譜也惟翁孝義名門耆年盛德爲時吏隱卓爾不羣是宜比德於斯矣故并賜之毗惟見茹芝采薇之詠復作於今而又頓使聞韶頀之音而不知肉味也呵呵

新製五加皮酒四瓶其味頗醇時遣關西孝子張誠送詣仁宅以爲尊賢養老之用

昨報醇翁謂國有仁賢足致甘雨祥風之應今果如言醇翁政古之君子楚之善人也詎不信歟

賜張祐名字

老儒張子壽世爲河東官族今衰微極矣特命其孫祐字曰思復傳有之曰公侯子孫必復其始此之謂也祐其勉之

賜昭覺前住持虛白老人

青神僧會智欽來稱 京刹主者定巖亟談虛白老人住昭覺大展家風叢林老宿無不歆羨今爾急流勇退固爲高尚

忝負教門之望何行將遣使召至仍主祖關爾可趣裝以竢
慎勿效匹夫之小節當爲大丈夫之能事出拯頽綱以報先
佛之恩亦爲諸方之楷範其功豈不偉哉故茲示及

獻園睿製集卷之二

獻園睿製集卷之三

序

設醴圖序

予讀漢楚元東平傳於楚有曰少時嘗與魯穆生白生申公俱受詩於荀卿門人浮丘伯王旣至楚以穆生白生申公爲中大夫於東平有曰驃騎時吏丁牧周栩以王敬賢下士不忍去之遂爲王家大夫數十年事祖及孫嘗撫卷而歎曰漢承秦煨燼之餘而二王克稱美於當時爲法於後世其賢矣哉厥後若唐劉玄平之於霍王元軌宋楊太年之於申王德文或爲布衣交或待之如賓友盖亦賢也孟子曰古之賢王

好善而忘勢古之賢士樂道而忘人之勢良有以夫予生千載之下慕遺風於先哲敢不效其萬一暇日命工繪而爲圖以自勉焉其橫經勸講者左長史長沙陳南賓也授簡摛詞者貴州教授芒文縝也几坐校書者紀善潞郡張安伯也誦蓼莪之詩者奉祠太原胡端甫也倦書而隱几者典寶陵川和景曾也臨池染翰者進士舒城祝淵也若夫鋪張盛美不忘規諫觀乎諸君子之詩槩可見矣

閑中筆記序

予聞昔蘧伯玉欲寡過而未能竊有慕焉暇時讀聖賢經傳及諸子百家稗官小說虛無寂滅之教芻蕘兔罝之言欣然

會於心者信筆成編非加類次以便朝夕策勵一旦渙然氷釋怡然理順則豈曰小補云乎然不欲獨善其身願與四方賢者共之抑又聞蘧伯玉耻獨爲君子噫仁人之言其利博哉此亦予心之所同然特書編首以見述而不作之本意非敢妄有他求也好善齋主人翁識

賜典寶和景曾詩序

和景曾侍予七載悃愊無華然性嗜飲數嘗廢事雖被責而無怨至於榮歸閭里圖像賜金雖受寵而不矜抑君子人歟且其司經籍掌啓扎辰而入晝申而出奔走執事不敢告勞亦君子人也今年春予建邦西土大賜將士必慎選老成端

重之士布恩德於遠邇僉曰景曾可於是命往叙南黔江等處嘗聞古者歌黃華之詩以遣使也今茲景曾之行寧無一言以勖之遂令府中文士人各賦詩贈焉

賜引禮舍人劉嗣儼出使詩序

劉氏爲黃州大族其田產之有恒財富之有節子弟之有志誠不讓於他人也若嗣儼尤爲宗族之俊秀者適有司以鄉舉里選貢于天官試中奏補儀禮司序班周旋 殿陛同官效之乙丑冬予將權駐于鳳陽 文華殿妙簡官僚遂授居引禮舍人未幾長史司選差送祭服樂器先往國中予時始駐鳳陽凡府中事之大小未有條目而才難其人予數憂形

於色也及嗣儼還有識皆賀而潞州張先生者官紀善性峭直
少許可亦嘗見稱爲才智縝密之士誠可謂知人矣一時西
堂設醴戩裾者或橫經或授簡惟嗣儼執事尤勤其退公也
嘗請雲間來漚子繪棣山白雲以慰思親之心故寓公聞人
之在淮右者率皆詠歌之予聞而默識之今年庚午春正月
從予至國凡朝謁慶賀之往來錢穀甲兵之端緒其助上官
居多由是中外交譽其能在嗣儼則無矜色尤可謂難能矣
今大將軍凉國公欽承　威命徂征有苗茲予擇人而使汝
勞軍於黔中往哉汝諧抑聞之居家理故治可移於官事親
孝故忠可移於君汝其視今文原吉之在秦管時敏之在楚

罔彼專美以副予懷然而考功有能官執筆有良史沒之芳名垂於竹帛宜矣特書此弁諸卷首

松雲軒序

予觀歷代良將或宣力於帝室或護衛於宗藩斯忠良之將知有君而不知有身知有國而不知有家所以功成於時名垂於後稽諸史冊炳如日星照耀千載顧不偉歟洪惟我朝內設府衛外則咸建都司衛所若　儲宮乃有府軍王國各立護衛其規模宏遠矣護衛則指揮使同知僉事衛鎮撫正千戶副千戶百戶所鎮撫大小相維體統不紊尤必慎簡拔之是不惟其官惟其人也爾懋以閥閱之子年二十有五

遂調成都中護衛指揮使資性聰敏而善謀畧蚤有時望諸將推之今年春侍予入蜀越二月駙馬都尉梅殷奉　朝命勞軍懋與殷素爲昆弟交既而私覿乃書松雲於軒懋乃徵文諸大夫士友以發揮此意於是陳長史南賓爲文冠於卷首若魏仲敏叅政高伯儀胡寧二叅議及諸士友或仕或隱者若干人咸爲詩以歌詠之予聞而喜曰夫雲者從龍致雨膏澤於人松者聳壑昂霄棟梁於國宜乎建功立業適用於時者之所有取也今駙馬之爲題扁大夫士友之爲詩文爾懋惟思上無負於　君親下無負於僚友則何患其不如古之良將也其懋敬之哉

送楊實還鎮武威序

永陽楊實誠夫迺 國初名臣之子自幼及壯篤志好學攻苦茹淡不畏寒暖人皆爲之不堪而已獨處之裕如誠有儕輩之所不可跂望然觀其用志未嘗一日自滿矧楊氏父子兄弟志士仁人照映當代光顯一門噫豈天意之私楊氏而欲昌大其後者邪苟能教爾子孫思忠思孝上荅天心則其後又輩出有未艾也故書以懋之

賜徵士蘇瑜還鄉序

古人有言曰有能之人不可以疾癈此吾於蘇瑜見之也瑜系出宋魏國文定公轍至今九葉矣雖無光明俊偉者出於

其間而或仕或隱者亦克弗墜其家學至瑜負特達之資抱經濟之才宜乎居輔弼之任處論思之地可也惜乎以疾老於田里俾人稱鄉先生爲郡邑師非命也哉然郤克之於晉婁師德之於唐先賢固有之矣何獨瑜哉今於其歸也作詩勉之且以爲蘇氏子孫勸

巍巍三峩山篤生三蘇公子孫孰昌大獨有潁濱翁柰何數百載碩彦罕見逢天理信茫昧造化焉可窮願卿善教子勉繼前人風

伊川康節擊壤詩序

堯之爲君也其仁如天蕩蕩乎不可名也故當是之時黎民

於變時雍康衢之謡擊壤之歌相繼而作其雍凞氣象爲何如也今觀擊壤之歌有曰耕田而食鑿井而飲帝力於我何有康衢之謡有曰立我烝民莫匪爾極不識不知順帝之則堯之仁信乎如天之不可名矣宋自太祖至于神宗賢哲之君五六作百有餘年膏澤下於民涵濡浸漬歌誦太平雖未可與堯舜並馳然堯舜之道重明於天下亦非漢唐之治所能及也康節先生生於其時居洛之涘名曰雍者蓋有取於變時雍之義也字曰堯夫者蓋有堯舜在上願爲堯舜之民也詩曰擊壤者蓋以退居田里而擊壤以自樂也嗚呼先生以經濟之才英邁之氣使其出而有爲於天下則韓魏公司

馬公之事業吾知其優爲之矣而乃林間高閣花外小車賞心樂事與造化者游吟詠情性作爲擊壤集二十卷所謂生太平世爲快活人者是也今以擊壤集觀之質而不俚文而不繁天人之際融會貫通其深造自得有曾點浴沂氣象皆出於自然而不事於雕斲之工也故其言曰删詩之後世不復有詩矣噫詩自漢魏以來未嘗絶也而風雲之態月露之形爭妍競麗去古益遠予嘗慨然于斯世之學詩者於先生之詩讀之者鮮而况知之好之而樂之也予故刻之琬琰播之四方使四方之士以唐虞三代之歌謡風雅參諸擊壤之二十卷則庶乎可以言詩矣詩云詩云聲律云乎哉

延川精舍序

延川和氏性篤厚好學嘗建書舍於私地而自號延川精舍客有過者曰延川子既建書舍講明洞徹學徒衆多不息書聲乃遁跡汨沒於山林之間以自娛樂誠可笑也延川子曰不知吾處畎畝之中樂堯舜之道也非欲求仕以自騁其能者君子不爲也客方謝曰予小人哉而不知君子之大道也乃自慚而去延川子乃取琴而撫之有酒一樽有書數篇歌明月之詩釣滄浪之水會賢友列諸生堂前羣鳥飛鳴上下穿花宿柳沼中之魚映曉日躍金波沉潛浮漾自優其樂嗚呼人所以樂堯舜之道也而不知禽鳥之所樂其樂何也既

而和氏景曾於洪武壬戌秋應　詔赴京登仕　王庭侍予
經筵高車駟馬從者前途重茵列鼎詩享斯榮貴而不易乎平
昔之所守此其美矣予乃覩延川精舍之圖嘉予之德故爲
之序

送典寶和景曾祭掃序

晉儒景曾和氏者幼讀書躬履聖門質直而好義雖年邁耆
學不倦潛德弗耀以明經教授鄉里子弟人多頌其美而稱
其德今　上皇帝在位之十五年大聘天下賢士雲集京師
是歲應有司聘既至　詔試翰苑奏　上嘉其純誠授　蜀府
迪功郎典寶正日侍進講公勤弗怠已而從予適濠梁歲月

彌深乃思先人塚墓欲求祀事緝脩余乃嘉其孝而遂其志
命畢功而還學士大夫咸歌詩以賞之以懋之余故叅歎而
書之

獻園睿製集卷之三

獻園膐製集

四之八

獻園睿製集卷之四

書

與秦府書

洪武二十五年五月一日弟謹奉書　兄秦王殿下前月間
欽差內使二人到國伏覩　宸翰令往秦府赶孳生羊四千
隻　恩至渥也用是特差千戶孫榮等詣大藩請撥誠以此
處地土所生山羊爲多望撥北羊之可以孳生者依數發至
則他日用之不乏皆吾　兄之賜也其敢忘耶至國未數月
無以將意使行無任惶愧續當思所以獻焉拜違甚久仰慕
罙深用是奉書敬問起居使雖未專親愛之情諒之幸幸時

當夏氣方殷伏冀僉　王厥躬爲國自重不具

復秦府書　四

別後兩易寒暑無任懷仰今春之國以來雖壤地相接而義不越境不獲躬拜左右其如仰慕何然於太華之高黃河之深未甞不在心目間所謂跡踈而情親也仰聞星使遠臨伏讀惠書知有朝京之行往復無虞深慰深慰使旋特差指揮與之偕行以致謝悃恕察幸幸新寒伏冀僉下厥躬爲國自愛不具

洪武二十六年十一月望書復　尊兄秦王殿下六年之別信宿之會遠送于郊眷眷不已情誼之厚中心藏之而未甞

忘也茲審朝覲京師輿衛還國欲圖一會以致興居之問而
封疆有制禮不敢踰用遣千戶蔡福致菲儀于庭庶以寓惓
惓而吾兄遣使遠臨禮意隆篤登嘉下拜惟增愧感爾維時
冬寒伏冀金玉厥躬爲國自愛不宣
洪武二十七年正月二十九日端肅書復　尊兄秦王殿下
仰中得春風第一書開緘見面讀至再三其於久別之懷相
愛之悰藹然溢於辭外非篤於友于者曷克若是也若夫河
間東平之賢有非學淺才薄者之所能當又何過譽之甚耶
愧感無極禮不踰境固有常制然兄弟之情不以山川而有
間也使來備悉盛意如命一一奉去弟以織錦之匠非曩時

之高手而神駿之馬犀利之刀又非土地之所産今於歷歷之間庫藏之内擇其可者而獻馬吾兄不以其鍛鍊之未精馳驟之未閑組織之未工姑以備用可也會晤之期未龜何日臨楮惓惓伏冀爲宗國自愛茂膺福祉不宣

年月日弟端肅書復　兄秦王殿下别又兩閱歲矣仰太華之高觀豐水之注其心未嘗不在左右也矧惟吾兄氣象之雍容度量之閎闊封疆千里何莫而不在春風和氣中耶邇者騎從雜遝還自京師雖黃童白叟莫不擁道周迎歸旆而曾不獲奉書問候於心缺然一陽初復玉琯回春而又不獲遣使備儀以致履長之慶其愧愧又爲何如耶吾　兄不責

其簡略之罪而加以先施之禮過情之譽溢於辭表得非愛弟之至而不覺其則望之深也讀書三過登嘉再拜感感何極姻親之喻知悉知悉聞命之初遣人親詣貴竹菅廬舍以安其居止闢土田以積其餱糧凡百為備不煩吾兄之過慮也其詳來使自能言之未龜會晤伏冀昜裀調攝為邦家壽重不宣

與晉府書

洪武二十三年後四月日書奉　兄晉王殿下昨聞吾兄欽承

父皇威命北討遺孽第以山川悠遠不獲祖餞爲慊近得書知大軍於四月初十日至孥温海子駐扎偽官太尉乃

爾不花丞相知院等相率歸欵聞之不勝喜躍夫不戰而屈
人兵雖 父皇高筭之所致亦吾兄慰撫之有方也用是特
差百户霍傑奉書代慶如至望親愛之情諒之不宣
年月日書奉 兄晉王殿下歲聿云暮道阻且脩會晤無由
而思慕之徒切也緬惟撫鎮多方兵民按堵太行增其重河
汾增其深豈勝欣羨仰中星使遠臨華以厚禮非友愛之篤
曷克至此愧感愧感所用之床材木已具早晚完備專當令
人送至幸毋謂其遅遅也聞吾姪婚期在邇潁國公令人將
抵此欲造床一張今已撲斲待其人至始附去乞知之使旋
姑此以復惟吾兄其諒之冬寒伏冀金玉厥躬茂膺福祉 不

具

與周府書

洪武二十七年十二月初三日書復　兄周王殿下十一月五日百戶洪景至蒙　惠書需良馬鵓鴿敢不奉命但此間之馬皆番商博易茶布者非有西北名驥之比豈足以充大藩內廐之列哉至于鵓鴿之奇特者又非土地所產不足以備燕閒之娛也搜羅彌月僅得其可者雖非追風之逸足摶霄之異翮聊以塞尊命之萬一爾汗顔汗顔伏冀俯詧微衷不加誚責幸幸

與楚府書

年月日弟惶恐頓首奉書　兄楚王殿下茲者初陽來復至日迎長王道咸亨天心肇見順時納福喜倍常情敬用遣使奉書牽羊沽酒以充庭實之儀以致履長之慶伏覩大藩處江漢之會當衡霍之衝玄纁之美禹貢所書而吾兄之蒞斯土也政令修明工師獻技凡所制作至精至好諸藩之所取法者也自之國以來雖嘗命工勞於機杼而其采色不足以視於目也思欲求於遠方則以山川迢遞輸運艱辛又恐使者失於自檢用是不果輒恃親愛敢有瀆請專望吾兄推其有餘周其未足則五色眩耀充然於筐篚之間而波及於蜀皆楚之餘也則其和樂且孺之情不啻捐金指廩以游之

好謹當對揚王休使四方聞之以爲美談顧不偉歟是知吾
兄必不我罪也注目以俟未閒伏冀金玉厥躬爲國民壽重
不宣

與齊府書

洪武二十七年三月日弟端肅奉書　兄齊王殿下伏自京
城拜別倏又五年矣相望萬餘里其如耿耿何去歲蒙遣使
致禮兼有方物之惠受感何極方茲仰中復蒙專使遠臨厚
禮有加其友愛之情爲何如耶報謝未能良用愧愧今特差
千户胡剛賫送藥品若干一同來使進納會晤未緣伏冀金
玉厥躬爲國自愛不宣

與潭府書 二

洪武二十三年正月十日弟端肅奉書　兄潭王殿下小弟自十月十有一日　陛辭至正月二日之國仰巫峽之高歷瞿塘之險間關萬里幸獲平安無非吾兄親庇之所及也吾兄以聰明特達之資兼詞翰文華之美伯仲之間素所推讓冬孟西行亟欲奉教左右而重湖之隔欲飛不翰令人殊怏怏乃蒙特差千戶陳榮迎候於江夏致禮於成都開緘宛見愧感交集且疇之夜魂夢之相接精神之交孚非其平日友愛之篤誠於中而形於夢者耶吾固不能不慨歎於斯矣建邦之初告至之禮未行而先施之惠遽至其罪又孰加焉用

是特差百户繆眞遠遣貢非儀以謝不敏惟高明諒之使回凡
圖籍書史有可以教我者毋惜示々而造舟之請則可輟也
臨楮無任馳仰伏冀萬萬爲國自愛前膺福祉不具
年月日奉書　記年少時氣味之相與出處之相親文學之
相切磨未嘗朝夕離自兄藩屏衡潭弟亦僑寓鳳陽此樂不
可復得矣而一歲一會尤可少慰今秋朝覲京師意謂握手
重論以叙別懷而鑾音杳然令人殊怏怏冬々孟受　命之國
地隅重湖又不得告辭愧感何極乃蒙特差陳千户不遠千
里迎迓其友愛之情爲何如耶本欲與之偕往緣其出使日
久姑令其先回庶兄知弟之行程而重來亦未爲晚也今於

其行謹奉書以復來春良便凡書史圖畫及土地所產毋惜
分惠爲感辰下霜風晴寒伏冀順時愛厚前膺福祉不具

荅湘府書十一

年月日兄端肅書復　賢弟湘王切以荆湘枕楚蜀之交奠
于南服江漢著朝宗之義會于東溟惟兹藩屏之功寔重甸
宣之托以和兄弟以安國家惟賢弟湘王器局宏大志行精
純如切如磋如琢如磨每加學問之力有馮有翼有孝有德
尤資輔賛之賢是宜膺茅土之榮而益保封疆之固禮樂之
教郁乎尚文歌誦之音洋乎盈耳棠棣之華韡韡麒麟之趾
振振擊海水者三千吞雲夢者八九覽閱張之故跡思屈宋

之多才渢渢乎有大國之風飄飄乎有眞仙之氣 君親之所眷顧民庶之所觀瞻允也有成茂以加矣欽承 上命忝受王封辭龍蟠虎踞之都赴蠶叢魚鳧之國道經大府舟泝上流情克篤于友于禮重開于燕飲式相好矣何日忘之乃當之國之初復蒙專使之慶登嘉知感撫己興懷烹鯉得書固難酬於厚意牽羊沽酒聊少旌於寸悰用奉書以復惟冀环調茂膺多福

年月日書復 去冬駕艤艟泝大江道經藩府握手論心開筵勸飲得盡一日之歡誠天倫之至樂也別來十月思慕何極第以江山遼遠未得時加慰問爲慊吾弟篤友于之義懷

久別之情使者遠臨千里如見貢之以華翰侑之以厚禮姑
此以復其樂品毛纓之喻續當專人送至幸毋謂其遲遲也
會晤未龜惟冀爲國自愛前膺福祉不具
年月日致書　自去冬〻會晤之後忽又一周寒歲月易更思
慕何極緬惟賢弟以清淨爲心以簡易爲政軍民按堵良用
欣慰前者使至蒙惠書索借太平御覽聖濟總錄謄寫足見
好學之篤今因霍千戶之便就附至左右是雖非出於專而
意則專也幸親愛之情諒之冬〻寒惟冀爲國愛重不具
洪武二十五年四月二十一日書復　別來未嘗不引領東
望蓋以兄弟之情愈久愈切雖千里同是心也昨聞一歲之

間三覲京師凡所以告我者足以慰我之懷也但恨不得面詳爾今春星使屢遣情誼藹然順時之禮有加介壽之儀繼至受之惟增愧赧而已使旋姑此以復而對床夜雨又未知何時得遂怡怡之樂也即辰天氣清和惟冀金玉厥躬為國自重不宣

洪武二十四年十二月八日　使星入蜀備悉起居而手足之情終不若一見之為快也今秋九月宗親兄弟皆得會于京師而捧觴稱　壽其樂何極予也未承　上命不獲與於膺行其眷戀之心為何如也茲者歲事將畢春氣肇新用遣右護衛千戶莊安遠致菲儀以為履端之慶人回凡在京時

得於　父皇訓勵之辭耳聞目擊之事詳以告我庶乎知所勸勉也會晤未龜冀爲國壽重不宣

洪武二十五年七月十一日致書　別來三閱寒暑無任懷想緬惟清心省事疆埸晏然爲喜爲慰維時梧風薦爽桂月揚輝慶誕之辰多福攸集用遣千戶趙成遠賫微禮以表賀忱兄弟之情不以遠近而有間也邇聞新刊雲笈七籤使旋望發至三部爲佳未間惟冀金玉厥躬爲國壽重不宣

年月日致書　昔人有云一日不見如三秋兮今吾與弟不相見者四載于茲矣其所感又爲何如也緬惟吾弟以清淨養性以簡易爲政兵民按堵臣僚協恭良用欣羡區區久欲

崇建醮筵而道家者流未得其人不足以齋戒事　帝茲聞
大府句法師者操守之正行持之熟用是遣使禮請以酬夙
心儻或以老辭尤望從吏其行使之早至爲佳孟冬新寒惟
冀善自調攝爲宗社壽重不宣
年月日書復　壤地相鄰年齡相次在於餘人情猶加厚況
吾同氣聯體之親乎佳政令聞每與東風偕至而馳念之情
浩若江漢與之俱流但以各守所封無繇時展歡懷爲耿耿
耳茲者仲秋届候壽日載臨仰涵　君親之恩安享承平之
樂其爲慶慰遐邇攸同矧惟心存玄默政崇寬簡超然燕處
裨明相之非特可希閒平之賢抑亦可臻松喬之壽矣盖衛

生所以寧國厚己將以利人由中之喜豈直兄弟之私哉今遣官特致賀儀聊以寓心終未若持觴執手歌韡鄂之詩和行葦之章爲足快也未間萬萬爲民社愛重時寄篇什以慰佇望

年月日再致書　一別五六年非惟己之思弟不置亦知弟之念我不忘也茲審春陽布德萬象俱新用差奉書具禮以致履端之慶然歲時問候禮之常也又何必喋喋爲吾弟言哉茲聞自岳陽至重慶在吾兄弟二人邦域之中戍守軍士疾病死亡者衆予心惕焉已嘗差官於城郭內外見聞所及其生者濟以醫藥饘粥其死者給以衣衾棺槥使之養生喪

死無憾也巴東而上則遣使巡行俾府州縣等官療治埋藏
亦如之無使其穢氣熏蒸感傷和氣而致疾疫之或興雨暘
之不時也古之掩骼埋胔其或在於是乎吾弟體　太上好
生之德以慈儉爲寶諒必同是心也故特言之昔蘧伯玉恥
獨爲君子而況於兄弟之親乎紙短心長言不能盡惟冀順
時爲國壽重不宣
年月日致書　癸酉春　朝道經藩府自謂必得一會以叙
契闊之懷而人事參差不克遂所願其如悵望何去歲冬揚
道人至獲觀所贈詩不惟宛然如見而又喜賢弟詩學之進
也揆余初度專使遠臨情誼之厚藹然溢於詞氣之表其欣

慰又爲何如耶使旋姑此以謝萬一餘希自愛不宣

年月日書復　兄弟者人之大倫也親愛者人之至情也以兄弟之大倫親愛之至情孰不欲其莫逺具爾而式相好也而於其間乃有會合之不常而睽違之日久者又不能不因是而有感焉每思年少時吾與賢弟筆硯之相親絃誦之相聞心意之孚情好之篤有不可與常人論者及其長也各之其國各守其境雖蜀與湘壤地相接而不相見者六年于茲矣其所感爲何如也逺惟賢弟以聰明特達之資而有得於清静玄黙之學其沖澹足以鎮浮俗其恵澤足以撫黎民暇則清風雅詠興趣悠然自有得於塵俗之外者而予也孤陋

寡聞學不加進安得周旋上下相與講明道德之懿心法之傳而聞雅誦之遺音哉望中適何鎮撫自南詔回道經成都故於其歸也特書以寓惓惓其思念之深想吾弟亦同是心也有便長寄音無使長回首臨筆不盡所懷惟冀爲國民愛重不宣

與代王書 四

年月日致書　弟代王同氣懿親理猶一體各居藩國胥會靡常每誦華鄂之詩未嘗不顧瞻徘徊思夙昔彤庭聚集言讌之歡也比聞誕育世嫡爲之欣然慰懌夫以　皇家積慶之隆建親樹屏以壯國勢傳之萬年宗支蕃衍實爲美事其

爲喜忭豈有涯哉今遣百戶特致賀忱且候起居邉城寒温不常惟倍加葆愛以崇德業不宣

年月日致書　一別又六年矣而思念之深未甞一日少忘山川遼遠欲會無由雖音問相通粗慰別懷而友于之情未若一見之爲愈也玆者秋聿云暮寒氣已臨鴻鴈一聲起予深思用遣鎮撫黃謙等詷候而遠道無可將意者輙有紵絲紗羅錦段數端及褚幣若干以寓遠忱而心之所懷又不知其幾絲幾縷也使旋凡有善言毋惜見示爲佳臨褚惓惓冀爲宗社愛重不宣

年月日致書　昔觀昭鑒錄一編見古之賢王脩身慎行居

上臨下之道未嘗不欣慕愛悅雖其才力未及而亦不敢不以此自期也吾弟欽承　上命奉北藩于代於是編尤宜加意豈可使漢唐諸王之賢者專美於前哉然其所謂賢者必以寬大立心和易爲政至於刑罰之施不得已而後用之故其澤及於一國而名揚於後世也遽伯玉耻獨爲君子而况於吾弟之懿親乎親之故愛之愛之故言之言之之故期之也吾弟其亦以爲然乎使者之來蒙惠葡萄佳醞祗受之餘須賜文武羣臣使嘗其味霑其恩而皆知吾弟敬兄之意也使旋故贅言之惟賢弟無以吾言爲迂夏暑方殷萬㝡爲國壽重不宣

年月日緬惟　賢弟以幼冲之年膺家國之重應用之間尚當補其不足有不待於求者然以新造之邦邉徼之遠絲綿非土地之產工匠無技巧之能其所服用猶多缺乏誠非諸兄久於立國者比遠承喻及愧發于中於是節已所用以副來意雖不能如其所求而實非有吝惜之心也使至笑留為佳

與弟代府書

年月日致書　賢弟昔處內庭嬉戲膝下牽襟引裾怡怡之樂以為可常也自乙丑冬予至鳳陽辛未吾弟亦出閤於是睽闊者十載懷戀之情夢寐靡忘追憶少時之歡何可得耶

適聞撫封大藩歷覽河山之壯仰思　皇圖之廣訪古人之遺跡詢民庶之舊俗以開擴心志亦一快也方欲遣書而使者先至復聞將有改封南詔之命會遇之期可必喜孰加焉君親之恩天地莫量人欲天不違其此之謂乎今者裴指揮告旋特遣鎮撫黃謙與之偕往錦段楮幣粗寓遠忱宜諒及也祖暑想邊藩風氣高爽惟冀謹身崇德以對揚　天祐不宣

與岷府書

年月日書致　賢弟岷王馮指揮來得書獲審起居清適且承象牙犀角之惠忻感交并怡怡之驩有懷莫釋未知何日

能遂也蒙見索長短纓近　朝廷理茶馬此物亦在禁例羌人絕無攜入境者惟舊所蓄止有若干今遣指揮董綬送上外有茜草若干同去相見未龜惟順序自重以扞衛宗社壹休永遠不宣

年月日書復　茲蒙遣使致書牽羊載酒其愛兄之心厚矣至欲於岷峨之間求方外之士譚道滌煩願神養性此意甚善然今之學道者名不稱實雖令道司留心物色而寥寥無可取者即目羽服星冠之輩少者赴　京考試老者隨例謝恩所存無幾是以不能一副雅意而友愛之情非有所拒也賢弟求之於他藩名山勝水間或得其人亦望示及為佳即

辰秋涼惟冀愓茵調攝爲國壽不宣

與秦府書

年月日書致　賢姪秦王憶昨權駐中都嘗荷先兄友于之愛徃還甚厚之國以來倫誼彌篤聘問之禮謁乎其情厥後賢姪襲位四載之間使价缺焉盖由權奸用事骨肉寖疎故也邇者朝于　京師雖獲一見而卧病連日弗盡所懷日騎遠來式敦舊好非親親之誼何以臻此今遣人前去用酬厚意尚冀金玉厥躬以膺新祉餘不一一

與全弌老仙書　五

洪武二十七年七月二十七日敬問通玄觀妙先生全弌老

仙夫自生民以來未有不得異人而有異聞異見者也若黃帝之於廣成子張良之於黃石公曹參之於蓋公漢文帝之於河上仙翁宋太宗之於希夷先生以至於我 皇上之於周顛仙人古今具載班班可攷或以之而致清靜之化或以之而成將相之畧或以之而開太平之運或以之而輔 聖體之康是皆有大功德於國家者也予以幼沖之年分封于蜀切念蜀中乃 太上降生之地漢天師得道之所必有異人出乎其間得以聞所未聞見所未見而有以發其愚蒙諭以道德然求之切切得之寥寥不能無所感焉乃聞全弌老仙襲神明之裔佩全真之教留形駐於百歲蹤跡半於天下

覯異人得異傳識與不識皆稱之曰大父短褐長條來遊陝右予遂起敬起慕齋戒彌月遣一介奉瓣香致尺書以寓惓惓乃蒙不鄙惠然肯來遠近聞之莫不驚喜及其至也相見靡時請叩非一卻乃韜光晦美若無以異於人者予不能無所疑焉相與半載餘乃時露一斑半點尚未傾其懷抱究其底蘊今年春季謂予曰天國之山仙人所居止也玆行必欲造玄真之境求長生之樂持獻左右以報知己之遇秋來方可會也去後嘗附至山笋仙李崖蜜一味一感邇來形于夢者二虬髯之狀依稀而矚乎目樂石之言髣髴而聆乎耳精神所格昭昭若是爰命使者存問起居顒俟數日欲見無由

使者回報予心惕焉再命之往其至之夕俄聞呼其從者之名從者隨而呼之亦應及其秉燭四顧則杳乎其無人也僉曰老仙往矣不知其所之矣予則歎曰老仙與予雅有夙昔之好飄然長往有道之士所不爲也吾意其入天國會羣仙從容乎道德之塲超出乎喧囂之俗其樂可知矣然樂則樂矣其如秋來之約何此予心之所以懸懸而不置也用是謹遣成都左護衛千戶姜福偕釋道弟子原傑吳潛中等奉書處請以達衷情惟望速駕雲軿早班鶴馭復予以前言告予以奇遇以嘉惠予而罔予棄則予永有賴焉臨風以俟

洪武二十八年八月二十八日謹用拜言伏以賡成十二百

歲軒轅嘗問道於崆峒 太上八十一章文帝曾授經於河
上蓋神仙之得不易而聖賢之遇良難求言思之慨其歎矣
矧予小子雅慕玄風嘉與斯民偕之大道孰能告之以君國
子民之理孰能語之以怡神養性之方思得其人以輔台德
茲遇全弌仙翁道尊黃老節配巢由所守彌堅不待歲寒而
後見所言必應其於事會則周知全一氣之孔神超三界而
傑出不以全才自顯不以小善自矜未嘗泄露於天機多是
逍遙於雲水予嘗聽政之暇論道之時恒進昌言屢察隱諷
是謂瀛洲之客寔為王者之師邇聞鶴鳴之山仙居之境祥
烟慶雲覆乎其上異花靈草產乎其間將欲涵泳道腴跌宕

世表春以爲别秋以爲期今則桂子飄香月華浮素馳情緬邈興懐晤言遥想嘯咏烟霞粃糠塵俗計會友於天國遂無心於成都嘗聞鍾離有云仙之求人甚於人之求仙昌黎有言上之求下甚於下之求上眷言風範寤寐不忘爰修咫尺之書毋謂再三之瀆豈勝結想願早踐言有感必通無遠弗届暫屈仙步洽然無難前豐隆後飛廉擁雲軿而至止朝崐崘暮玄圃驂鶴駕以來歸謹拜下風親侍仙座特軫慈悲之念獲承道德之傳家國和平子孫忠孝謹奉書以聞伏惟洞

鑒至禱

洪武二十八年十月二十四日謹再拜言右伏以鶴鳴九皐

景高山而仰止鳳翔千仞覧德輝而下之會遇固難感通則易共惟全弌老仙明道德之傳究神仙之秘聿來藩國已越朞年方辭採藥於名山復擬旋車於錦里乃從一別遂歷三時豈桃源失路於武陵而蓬島隅凡於弱水用是致再三之懇奉咫尺之書願鑒微誠特垂慈念驂鸞駕鳳偕羣仙五老以來臨伏虎藏龍授七返九還之玄妙謹奉書以達伏惟心照至叩至禱

年月日頓首奉書伏以恒存素志仰慕玄風竊識呂仙翁於岳陽或遇黃石公於圯下嘗聞其語未見其人茲喜得於老仙聿來於斯土正堂之禮非簡前席之問方陳乃辭錦城

遂遊天國自秋徂臘嗟鴈杳以魚沉撫昔念今慨猨驚而鸛怨心悄悄兮如結目渺渺兮愁予忽聞驛使之傳遠赴燕山之會且驚且愕將信將疑每承教於平時信立心之不妄有言可復千里如期無德不酬一飯必報高超物外宛如翠栢之蒼蒼只在山中惟恨白雲之杳杳克念克敬至再至三今當新歲之届臨肅致專書而懇請鶴鳴子和偕以鸞九鳳以來臨霞侶雲儔會五老羣仙而至止願聞至道不負初盟伏祈玄鑒幸甚

年月日熏沐奉書嘗聞尹眞人親受　太上之經張天師親傳　太上之道皆得之於蜀中余也分封茲土竊有喜焉意

謂必有有道之士生於其間得聞道德之言而玄教寥寥可爲太息老仙蒲笠麻縧布褐草屨來自陜右相語清話雖引而未發而目擊道存者有之矣乃去夏六月二十八日使告於予曰吾將往天國之遊採引年之藥旋歸之日以秋爲期及其踰時而未返也予嘗慨然歎曰昔人有云旬日之間不見黄生鄙吝之萌復存乎心今與老仙不相見者累月其鄙吝之萌於心者爲何如哉用是遣使致書至再至三而仙凡路隔音信杳然或者則曰老仙遠遊他方矣不然何爲久而不來也予竊以爲未然豈老仙以吾求望之誠有未盡耶抑其時節因緣有才至耶私念其故悵然于懷近有來言茲山

之中支鐺煮火折木通道蹤跡如新昭然可見豈老仙以余
初度之辰將祝予以壽者耶用是專書懇請不憚煩瀆伏望
拉羣仙招五老駕風乘雲千里一息會于武擔之陽齋明之
室授以長生久視之訣告以君國子民之道使一境之內均
受其賜豈特予之幸哉伏惟鑒察不勝仰慕之至

獻園睿製集卷之四

獻園睿製集卷之五

讚

賜長史陳南賓

其心休休其容申申不驚不搏如鳳與麟

像讚

神清貌古雪頂霜鬚或閱神龜之書或玩龍馬之圖或傳經於胄舘或宦遊於成都贊雄藩之政教作多士之楷模以天人之理而告我帝王之學而授吾是所謂仲弓之裔希夷之徒者也

賜張安伯

孤潔之姿不染氛埃有此清風卜居琴臺

像讚

馭雲之姿野鶴之軀獻河汾經濟之策傳春秋齊家之書攬轡有澄清之志授簡有啓沃之謨議論則過乎鄒陽枚乘文章則慕乎子雲相如是所謂朝廷之御史王家之老儒者也

傳讚

紀善張安伯字子壽世居河東傳春秋之學父惟先歷倅正掾嘗領縣邑安伯少繼家業生子二長奎次壁初安伯年有二十以應試登第除潞州學正始潞人以愚朴未習經史至安伯莅官克己率人教化所及靡不從風由是州人始知有

學踰歲講習讀誦者周於里巷弦歌之風比於武城至于樵者歌于途耕者誦於野後生子弟以學業進者可歷數而悉陳之噫誠安伯之力歟潞人何其幸歟未幾天運將更人心始離乃亂顛毫四海爭雄殆乎攻者陷其城屠血其市王綱不振教化陵夷安伯喟然而歎謂諸同輩曰君子知幾特有否泰用之則行舍之則藏吾道不行是可隱矣遂賦歸歟遯跡鄉里卜居閒靜而舍之其舍之側清流繞焉微風徐來波瀾不驚水光天色一碧萬頃游是而觀者誠足以悅耳而舒顏安伯俯仰自樂意將終老焉嗚呼清高之志其可尚也及我

國家奉天討罪平雄方已於是朝諸侯君四海奄有是服

後庶民子來　聖神臨軒求賢思治詔下有司以安伯應博
學儒士詣闕奏對武英授監察御史　詔以高年耆儒改授
本府紀善職司輔導安伯性剛烈好學篤行五經諸子靡不
究覽而尤長於春秋素有濂洛之風注性理圖說春秋斷
大學中庸書解意簡而明所撰詩文若干卷諸儒多為之序
云
讃曰天生賢哲為國棟梁　上懷蕃屛精選純良忝予不
穀賴爾輔匡故茲立傳千載播揚

賜掄景曽

委蛇委蛇自公退食寵辱若驚無校得失

像讚

太行孕秀池下毓靈地之醴泉天之酒星青春學稼皓首窮經絶聖棄智和光同塵有書插架有酒盈樽聊以行樂聊以逸眞

虎頭燕肩景曾之軀龜疇麟經景曾之書昔隱太行而樵蘇今遊吾門而曳裾大兒如鳳凰之雛小兒如驊騮之駒若夫景曾可及者其知不可及者其愚

賜方教授像讚

綠鬢紅顔金精玉粹聘束帛於山林膺綸言於殿陛身遊乎蓬島方壺之間道遡乎伊洛洙泗之濂潛溪之後學名聞九

重玄英之雲孫華閭奕世是所謂孝于父毋友于兄弟者也

賜夏伯時

九載青氈之上一寸丹心之中教人以忠孝示人以寛容使樂平之人咸漸被其文風

賜王紳

文章本乎家傳講明資乎士友得之于心應之於手

賜廖璪

養伯父無異乎己之父教人子無異乎己之子觀爾用心是迺佳士

賜胡志髙

士之尚志見之於子期爾以博學貫通乎經史

賜范煥

宋名臣之裔今黃耇之年有子有孫綿綿延延

賜蕭寅

歷涉風濤之險嬉游闤闠之中識者謂西江之士不識者謂西川之翁

賜賈徵士像讚

九苞之威鳳三代之祥麟此生之出處也亭亭之碧梧燁燁之紫芝此生之清高也郊廟之雅頌都邑之弦歌此生之才華也陳堯舜周孔之道誦詩書禮樂之言此生之學術也嗚

呼昔者長沙之太傅猶今日成都之賈生也

賜大佛住持原傑像讃

曹溪之派曹洞之宗雋傑之資高尚之風慈乎其衷偉乎其容知足不辱眞空不空其從誰遊天界泐公適師古人天目高峯

賜德信

萬事無憂一心爲道無倦椎拂無日着耄

賜東昇

生乎東海老乎西川如日東昇浴乎虞淵

賜宗普

宣揚佛法開示人天踞猊揮麈是謂有緣

賜和典寶讚 有引

太行有處士曰和景曾傳春秋之學躬耕隴畝足未嘗入城府洪武壬戌以弓旌之招遂幡然而起仕於吾藩者幾二十年白首郎署胸次渾然逮其歸田之日搢紳士慕之今爲識於丹青俾和氏子孫永永保之

躬耕丘園愿之在谷獨抱遺經介不言祿鄉黨恂愉閭門雍睦績學之餘迺有旨蓄國士之遇每食懷肉磊落之姿空洞之腹愛北牖之清風觀西山而拄笏籌策縱橫伐酒方濃榮辱紛紜我聽方孰於戲惟吏隱於王官稱和仲之世族者歟

蔡長通讚

脱帽露頂傲睨物情恍焉夢覺月落參橫顧愷之友周處之甥

紀善鍾子完讚

父作之於前子述之於後趾美克肖肯堂肯構

伴讀何惟亮讚

有是父而有是子學乎詩而學乎禮應聘而起國之良士

賜教授蔣夔畫像讚

夷之清不激不弛惠之和無愠無喜早充西蜀之佳賓允為南州之高士

野舟閑禪師像讚

惟師單傳南楚悅公爲法上首道譽日隆友湳菴之開士接臨濟之正宗浮利榮名不馳騖於其外草衣木食甘潦倒於其終以恬退而爲高以枯槁而爲容托言爲圓寂之歸遯跡於菰蒲之叢橫孤舟於野渡孰知有濟川之功又安得起師於遲暮之境而不遠萬里以相從也耶

賜典寶正致仕張璧像讚

峩峩爾冠肅肅爾容垂紳正笏秉心至公視其貌雖老而其氣則雄當 國朝洪武之初以麟經而中科目承父祖簪纓之後受閩郡別駕之庸慈良正直民率爾從文彩動乎都邑

風度簡于　淵東晚仕吾藩蔚爲儒宗年踰八袠目明耳聰豈好賢樂善之必報亦奕世陰德之所鍾噫斯可見蜀中之養黃耇而未許雲間之訪赤松也歟

題和景曾像讃

惟河之源出乎崑崙惟鄉之學出于聖門景乎顏曾暨我弟昆今雖老矣傳諸子孫

張半仙像讃

若有人兮出世匪常曩自中土移居朔方奇青森立美髯戟張距重陽其未遠步虛靖之遺芳飄飄乎神仙之氣皎皎乎氷雪之腸爰尋師而問道歲月亦云其遑遑既受訣於散聖

復續派於爪王全弌眞之妙理契未判之純陽南遊閩楚東畧扶桑歷諸天之洞府參化人而翱翔曰儒曰釋曰老曰莊皆潛通其奧旨乃懷玉而中藏長條短褐至于吾邦吾不知其甲子之幾何但見其毛髮之蒼蒼盖久從遊於赤松之徒而類夫圯上之子房也

獻園睿製集卷之五

獻園睿製集卷之六

表箋

謝恩表

上言伏奉　聖恩　賜開　中都謹以十月二十一日陛辭二十七日抵中都祭告　皇祖之陵及應祀諸神二十八日受百官耆老人等謁見訖謹奉　表稱謝者伏以　山川王氣　天啓　帝都　大統肇基　地尊　都會偉兹重鎮宜控雄藩　誠惶誠恐稽首頓首伏念　龍錫王封縈膺全蜀之國有待欽駐　中京中謝伏惟鞠育　恩深　矜憐撫教子孫千億永建　磐石之安

敢不奉揚 皇仁恪遵 嚴訓上以盡忠 君之職下以竭
人子之情 無任瞻 天仰 聖激切屏營之至謹奉 表
稱謝以 聞

箋

上言伏蒙 恩命以十月二十七日抵 中都訖謹奉箋伏
以 福地 炳靈 肇基 帝宅 天心符協 茂建 中
都匪鎮六藩曷由控制 誠惶誠恐頓首頓首伏念 寵膺
全蜀 爵以王封 社稷 貽謀 本支百世 中謝 敬惟
恩深 同氣 友悌惟均當 侍膳 問安之時皆
君國子民之教敷宣 德惠靖鎮 皇畿期在 億萬斯年

共保　昇平之樂　無任懽忭　仰激切屏營之至謹奉　箋
稱謝以　聞誠惶誠恐頓首頓首謹言

表

伏以　御廚　玉粒五味偕來　在笥　衣裳侑以纖纖侈
玆駢蕃之　賜荐蒙　君上之恩　欽惟
樂育　生成弘敷　聖澤念　鞠養每先於　慈惠玆
寵賚接武乎　中京飽以膏粱華以　時服顧慚　榮幸特
簡　帝心　誓竭丹誠仰思　報稱人子之職不能盡其方
天地之德綿億載而彌長

箋

伏以衣賜宮䌫被躬且吉御厨分粟香茗同
頒尊使冐來冐勝愧感敬惟
緝熈聖學德厚人倫上賛萬機展親
同氣因心友悌廣推慈幼之仁是以寵遇彌勤
多儀騈集奉藩伊邇祇荷恩榮瞻戀東朝允懷冀
戴

冬至表

伏以天地運生成之德君親嚴教育之恩茂届履長大
廷稱賀中賀欽惟
肇基帝統聖業尊崇福延子孫弘闡宗社受

封全蜀寄重藩維欽駐　中都學文練武式逢令節依戀彌
深敬仰　皇闈上祝　萬年之壽

箋

伏以三正肇新　天心應曆青陽布澤福集　東朝中賀敬
惟
主鬯居中茂崇昴業洽于友悌式好　宗盤　欽受藩
封　恩深重寄躬承　父皇之訓益惇　同氣之情近駐鳳
陽忻逢令節敬獻履長之賀聿懷甲觀之春

正旦表

伏以天清地寧歲功肇序　聖人育物茂對三陽願攄臣子

之情敬獻履端之頌 中賀 欽惟
永膺景命 大統開基垂裕後昆福延 宗社衍 本
支以千億重藩輔而分封穀旦届期益綿 泰運 欽承
恩寵留鎮 中都瞻戀 宸庭上祝 萬年之壽

箋

伏以四時順序肇正歲端禮盛 東朝泰亨協吉睠茲臣鄰
之賀益深 友悌之情 敬惟
上賛 聖謨 恩覃海宇式好 同氣敦本睦親繫天
下之懽心紹 萬年之 大統忻逢令旦茂介洪禧 欽駐
鳳陽允懷樂孺仰瞻甲觀恭伸藩輔之誠

謝表

伏蒙 恩命遣某等奉宣 聖旨仍賜所買段匹果物等件已於洪武十九年十二月二十一日祗領訖謹奉 表稱謝者

伏以皇仁煦育 天造海涵雨露資生 德同 君父畀來 寵命覩物懷慚 鞠育情深教敦彝訓特畧稚冲之過益弘在宥之恩受賜戢兢撫心感戴 敢不恪恭藩服仰報 聖慈策勵自今用存烱誡

箋

伏以 德音渙賁開諭稚冲 寵自九天 恩隨物至省躬知感受 命懷慚 撫教彌勤誼深 友悌懋展親於 同

氣寅之賛於 宸心口體之私仰蒙 賜肴 敢不勉思補
報 夙夜交儆 祗服訓辭 誓安藩屏

聖節表

伏以華渚星明九秋協吉恊逢 聖誕 壽與 天齊 中賀
茂建帝圖御大一統福延 宗社物阜民安膺萬世子
孫之所仰賴也 夙忝藩封 恩深垂裕方辭 膝下瞻戀
罙衷

千秋箋

伏以占旦天開前星炳耀 千秋獻 壽禮盛 東朝 中賀
上賚 聖謨億兆仰 德展親同氣友悌 恩深 壽

節屆期荐綿 宗社之福也 恭承撫教方切瞻依旋軫鳳
陽心懷甲觀

賀平胡表

伏以 天生 聖人上膺 寶命作民 父母 君主華夷
故能開 萬世之太平 大一統而無外兵鋒所至罔不來
庭乃者 遣將北征授以 成算 大道助順孚應畢臻乎
地湧泉津流不竭飲 六軍而沾足沛四出以泓渟遂 利
前驅直抵胡塞舉國納欵 兵不血刃揆之往古未見其比
中賀 伏惟
聰明神武茂建 弘基一視同仁 柔遠能邇是宜遠

人聞風慕義率衆 內附而慕南自此無王庭矣凡在見聞
曷勝欣躍 權駐 中京恭聞 捷奏仰 皇闈而抃舞共
億兆以懽呼

箋

伏以 聖神啓 運誕受多方 廟算 延謨實資 贊相
威行漠北 海宇永淸 中賀
主鬯 東朝 允文允武 輔成 大業遠拓胡疆
命將專征直抵深塞 感水泉之沸涌足兵食而有餘 天
地交孚 神明助順 皇仁所曁部落全歸斯誠曠古之所
未聞是宜保 大一統 億萬斯年之永久也 權駐鳳陽

欣聞 凱奏忻依 鶴禁忭舞惟勤 無任瞻仰激切屏營
之至謹奉 箋稱賀以 聞

謝恩表

上言伏奉 聖恩賜米三百碩塩三百斤茶三百斤鈔一萬
錠已於二月初七日祗受 上賜訖謹奉 表稱謝者伏以
寶襁盈庭 榮分 內帑廩人 繼粟 紫名 新頒偉慈
日用之常荐沐 天恩之賜 中謝 欽惟
御天 一統衆建 宗親顧幼冲未涖乎藩邦故 鞠
養特勤乎 聖念調以 旨味飽以 膏粱欣 戴奚勝撫
躬懷媿 某 情深 膝下繾戀 彤闈億載萬年欽承 帝德

箋

伏以口用之資仰於君父庫庾充實同氣是推知幸自天感恩惕若敬惟東朝主鬯德盛位尊惇叙彝倫下撫沖稚白粲出太倉之粟實楮分內帑之金建茗呈盬榮頒腆貺其心懷報稱永固藩維億萬斯年乂安宗社

表

上言伏奉聖恩賜羊百牽以供庖膳已於十一月十九日祗受上賜訖謹奉表稱謝者伏以寵自天來恩

隨物至雨露悉資生於品彙人子曷報效乎　君親中謝
聖澤溥將情深鞠養念方遠於　膝下恵特隆於　九
重欽駐　畿封榮膺開府恭承錫賚倍戀彌增

箋

伏以嘉命渙頒　恩波下浹鼎來厚貺　寵自天庖中謝
内篤彝倫義均　友悌念　宗盤之永好推手足之至
情　開府中都瞻懷伊邇式需榮賚感戴彌深

表

伏以分封樹屏藩輔京師地控成都弘開列衛　大恩荐至
荷戴奚勝中謝

天啓聖圖輯寧方夏立經陳紀車書會同念垂裕於後
昆弟亟優崇乎寵從貔貅千乘棨戟森嚴是皆王者之榮實賴
君親之寵敢不勉思報效祇服訓辭益竭忠誠永延興運

箋

伏以地開全蜀疏爵王封用侈軍容　錫以環衛頒茲　恩
賚辛自展親　中謝　纘體守成重華允協以賢以長億兆屬心
紹太平萬世之洪基建宗子維城之鼎業式好同氣荐沐寵
嘉敢不上帡　帝室瞻戀　東朝益保河山永綿景祚

獻園睿製集卷之六

獻園睿製集卷之七

祝文

祭漢先主昭烈皇帝 五

維洪武二十四年歲次辛未二月朔日敢昭告于漢先主昭烈皇帝漢丞相諸葛忠武侯曰惟　帝與侯君臣一心魚水相得攘除奸兇興復漢室戎夏服其威兵民感其惠三分天下厥功懋矣予生千百載之下而歆慕於千百載之上茲者欽承　上命世守是邦故當開國之初首謁祠廟而祼宇傾圮惕然于懷歲月如流一年于茲矣謹以今春二月一日命右護衛指揮同知鄭義經營規度撤舊更新仍將陵寢繚以

周垣敬致丕仰休風之意用以牲醴之奠告祭祠下惟帝與
侯尚祈鑒知以深我無斁尚饗
維洪武二十四年月日惟　帝與侯一德一心氣吞孫曹奄
有梁益維時益州戶口不下百萬土沃財富實資之以定三
分之業今雖去之千載之下而英靈如在未嘗不眷戀於斯
土斯民也予欽承　上命世守是邦仰慕丕風首謁祠廟歎
閟宮之頹圮撫古柏之荒涼乃新棟宇乃煥丹青聚精會神
於一堂之上非特表予景行之心蓋以斯民也即昔武所治
之民也豈不黙相於冥冥之中哉然人以神而安神以籤而
明非籤無以傳神之意非神無以爲民之福於是繕寫靈籤

一百置之神右凡蜀之民有禱者伏祈昭報使之避凶趨吉則帝與侯之德無間於存亡而予心亦獲安焉神其鑒知尚饗

維洪武二十八年歲次乙亥八月某日敢昭告于漢昭烈皇帝丞相諸葛忠武侯將軍關壯繆侯將軍張桓侯曰君臣勤勞跨有梁益其遺澤之在人者深矣今雖去之千載之下而人心之思之者如一日也予欽承　上命世守蜀邦景仰高風慨歎何極聿新廟宇祭祀以時今因世子初度之辰謹遣右長史婁琥以清酌時果之奠祗薦祠宇用祈默祐陰扶俾之德與日新智與時長相協厥居以介景福尚饗

維洪武二十五年歲次壬申十二月朔日謹遣右護衛指揮同知李遵以牲醴之奠致祭于　漢昭烈皇帝丞相諸葛忠武侯曰古者功臣皆配食於其君蓋以其同休戚於一時享祀於後世也惟　帝以中山之胄奮然欲信大義於天下得諸葛淵深之謀臣關張熊虎之良將其所以成三分之業者三侯與有力焉成都在城舊有祠廟兵燹之餘皆已蕪沒惟帝與侯閟宮在於城外而年深棟撓予甚閔焉乃撤舊更新以致不仰高風之意而關張二將不在配享之列非缺典歟爰擇今月八日以關壯穆侯張桓侯與忠武侯東西配食于帝聚精會神於一堂之上不其韙歟惟神陰祐默相使兵亡

按堵邊境無虞風雨以時年穀屢登以福我生民神其鑒知
尚饗

維洪武二十四年歲次辛未十二月二十八日敢昭告于漢
昭烈皇帝漢丞相諸葛忠武侯曰龍興雲從君明臣良曠千
載而一遇何會合之不常曰若稽古寔惟成湯三聘莘野承
筐是將咸有一德革夏為商歷嬴秦而兩漢孰能襲其遺芳
偉中山之帝胄當羣雄之擾攘噓火燄於寒灰特三顧於南
陽情交懽於魚水言靡間於關張保岷峨控荊湘三分天下
開拓封疆信同心而協力視當代而有光子丕仰於休風幸
開國於是邦覩閟宮之頹圮歎古栢之荒涼命我將士繚以

垣墻屹棟宇之崔嵬煥丹青之焜煌新規模於今日聚精神於一堂告厥成功我心孔臧遣官致祭釃酒刲羊惟帝與侯神其洋洋祐我蜀民降福穰穰尚饗

祭先師孔子

維洪武二十四年歲次辛未八月朞日敢昭告于大成至聖文宣王曰古者上自王宮國都下及閭巷莫不有學所以育人才而厚風俗也予自洪武二十三年春肇國茲土深慮百官子弟無所矜式乃建學於端禮門之西延儒士爲之師盖將培養于今以爲他日之用今擇乙亥吉日正席講誦爰遣紀善張安伯奉牲醴祭告惟王在天之靈陰祐默相使凡爲

學者學業有成才德兼備濟濟多士則予以寧王其鑒知尚饗

祭北極眞武

維洪武二十九年歲次丙子三月某日謹遣成都右護衛指揮同知李遵以清酌庶羞之奠祭于北極眞武之神曰惟神虛危孕秀水火搆精凝眞體道駕風鞭霆顯靈中江赫赫厥聲龜蛇忭躍鸞鳳鏘鳴威加寰宇仁濟生民睠茲蜀地寔惟邊城匪依人力賴神之靈奕奕新廟役將告成茲當聖誕節屆三春遣官致奠爰竭衷誠用祈民俗反薄還淳盜賊屏息詞訟不興善者獲福惡者遘也凡我臣庶各保其生伏惟鑒

知尚饗

祭梓潼文昌帝君 九

維洪武二十五年月日謹遣官致祭于梓潼文昌宏仁帝君曰惟神在天則光分於張宿在地則毓靈於西蜀司我繼嗣掌我桂錄天下莫不崇敬而資其福也況予世守是邦肇開藩府鳩工集材爰建祠宇惟爾有神祐我茲土文化之行比於齊魯伏惟鑒知尚饗

維洪武二十八年歲次乙亥二月某日遣官謹以牲醴之奠致祭于文昌司祿宏仁帝君之神惟神一陟一降在帝左右上贊玄化下福生民桂祿祈嗣之籍神實司之切惟四川自

元季兵燹以來逢掖緇衣羽服之流皆非疇昔之比予肇國玆土良用慨然玆以七曲名山在吾邦域之中而神孕靈毓秀之地也用是遣官胤致祭虔禱祠下仰惟神靈在上請命帝廷篤生賢哲佐我邦家以宣化以淑人心神其鑒知尚饗

維洪武二十五年歲次壬申二月某日敢昭告于文昌司祿宏帝君曰神人之生也有自來其逝也有所爲是皆有以賛化育而福生靈也帝君上分張宿之輝下柄文明之治一陟一降在帝左右不以生而存也不以逝而亡者矣況梓潼七曲在我邦域之中實毓聖儲祥之地今屆仲春三日欣逢慶誕

之辰謹遣小校毛海奉牲醴行拜祭祠下惟忠惟孝祐我蜀民

尚饗

維洪武二十八年歲次乙亥五月某日敢昭告于文昌帝君

禱曰方今五月農事孔殷鬱烝太甚不雨浹旬稚秧未移通渠斷流種失於春穫豈有秋民心惶惶雲霓是求伏願司大化之玄功錫仰榮之霖霈俾黔首以懽忻暨五禾之豐熟毋作神羞不遑民恤敢告

維洪武二十八年歲次乙亥八月某日敢昭告于文昌司祿宏仁帝君惟神變化無方上帝左右而繼嗣之籍則神寔司之也睠予世子允賴生成[illegible][illegible]度用臨敢忘大造用遣紀善以

清酌時果之奠祇薦祠下用　祈默加庇祐俾之德與日新知
與時長相協厥居茂昭孝友尚饗

維年月日敢昭告于文昌司　祿宏仁帝君曰神人之出也必異於衆故明則為人幽則為神而功用之妙不以存亡而有間也惟神分張宿之光輝誄周詩之孝友七十二化變動不居司我桂祿司我胤嗣其有功於生民大矣而七曲之山乃在吾邦域之中而爾神孕靈毓秀之地也今以仲春三日降誕之辰謹遣官致祭祠下以展賀忱用祈相我邦家丕闡文化神其鑒知尚饗

維洪武二十九年歲次丙子二月某日敢昭告于文昌司祿

宏仁帝君曰伏惟七曲之山在　吾邦域之中實神毓秀孕靈之地也玆者全蜀之地風俗澆　薄自作不靖　天降之罰居官者貪財物之利而蠧政害民居下者萌僥倖之心而損人成己羌戎或出或沒反覆不常千里饋粮民亦勞止要而奪之轉死溝壑者不知其幾人矣若是者豈惟吾心之憂亦神心之所惻然者也玆當聖誕之辰　謹遣儀衛正張翰以牲醴之奠致祭祠下伏望請命　帝庭篤生賢哲助我邦家錫福黎庶轉澆漓爲淳厚化兇頑爲善良文武各保其位兵民各安其生邊境清寧華夷效順若是者豈惟神化之所及亦吾心之所怙然者也睠惟玆土在吾則爲分封之境在神則爲

父母之邦休戚一心幽明無間伏惟鑒知尚饗

維洪武三十年歲次丁丑二月甲申朔初三日丙戌敢昭告于文昌司祿宏仁帝君曰九曲名山西蜀之勝境也維神鍾奇毓秀寔生其間其出也則孝友之行歌詠於周詩其殁也則精神之感陟降於　帝所宏仁開化厥功懋矣予也分封西蜀于茲八年保境安民默資靈貺今屆仲春三日欣逢聖旦謹遣青城山長生萬壽宮提點劉允道奉牲醴之奠拜祭祠下非徒徼福於神也伏惟桂祿之籍神寔司之用祈隸祿籍者則有如漢之文翁闡蜀邦之教隸桂籍者則有如宋之蘇軾顯蜀士之才文化之盛豈曰比於齊魯而已神其鑒知

尚饗
維洪武三十一年歲次戊寅二月戊寅朔初三日庚辰敢昭
告于文昌司祿宏仁帝君曰七曲之山峻極于天孕靈毓秀
神人出焉睠兹神人寔惟孝友詩詠周篇光分張宿上賛化
育下福生靈一陟一降在　帝之庭三載興賢司我桂祿積
善有慶司我嗣續自周及今幾世幾年無間幽顯靈貺昭然
緊我西來肇開王國仰止高山在吾封域仲春三日聖誕良
辰用遣左護衛指揮僉事張翰謹以牲醴之奠詣祠致祭衷
悃具陳惟神有靈篤生賢俊以祐邦家以臻泰運伏惟鑒知
尚饗

祭漢丞相諸葛忠武侯墓二

維洪武二十五年歲次壬申六月某日謹遣儒士胡志高以牲醴之奠致祭于漢丞相武鄉忠武侯諸葛公之墓曰功有可必而無成事有既遠而愈光非忠貞之昭朗曷能俾人之不忘嗟惟侯之雄志講救世之搶攘輔帝室之英賢奉天討而戡暴強誓馘懿而俘虜復高光之舊疆雖盡瘁而失圖義聲已震乎八荒豈謀力之不優信曆數之難常彼黄初之佐命夸得志之洋洋較千齡而程德何啻神龍之於犬羊縱一時之無禄殁雖死而不亡予撫國于西土實嘉歎乎遺芳既締新於清廟嚴薦獻乎烝嘗訪體魄之攸託故冢存乎沔陽

想英風於圖象考盛節於文章顧牲牢之豈多越脩塗而寓
觴神格天而不泯祐斯民而降祥尚饗
維年月日致祭曰惟侯識時之俊卧龍之姿當桓靈之末世
歎炎運之久衰中山帝胄慨然有爲信大義於天下懸千鈞
於一絲雖草廬之三顧恨相見之已遲神交氣合獻謀効奇
於是東連吳會北抗魏師定梁益之墟建帝王之基奈何秭
歸蹉跌永安棄遺受顧命之托任興復之期巻南中之兵甲
樹散關之旆旗木牛流馬機不可窺王雙張郃退不得追氣
已吞於司馬才允倍於曹丕夫何將星夜墜哲人其萎仲達
有走生之幸楊儀設反向之疑有識之士固已知夫天命之

已去漢祚之必移而連歲出征以窮民力以取敗亡者有不待於姜維嗚呼侯之所能爲者人也其所不能爲者時也時之未至雖不得竟其設施而千載之下三尺之墳猶歸然於沔水之湄彼行者之往來每墮淚於遺碑況予分封西蜀仰慕戎規讀出師之表觀八陣之圖能不爲之感歎而傷悲爰命儒臣載驅載馳臨風釃酒寫心陳詞嗟九京之莫起增來者之忸怩忠魂如在尚其鑒知尚饗

祭南瀆大江之神 六

維洪武二十三年歲次庚午四月某日敢昭告于南瀆大江之神曰惟神以福民而世食茲土惟予以安民而世守是邦

幽顯一心休戚同體今予自孟春之國以來至於首夏殆將四月矣而雨暘愆期民心遑遑麥將秀而欲枯穀將種而未下一歲之計越其罔有黍稷民何以堪雖躬省之有愆亦神心之何忍是用消吉致虔爲民請命伏望起神龍於川澤之中置生民於俯仰之樂沛施霖雨迄用豐年謹用牲醴致祭
伏惟昭鑒尚饗

維洪武二十四年歲次辛未正月朞日敢昭告于南瀆大江之神惟神五行之首四瀆之宗保茲下民休戚與同匪憑靈讖聖意曷通前所著作辭理晦蒙今茲更撰字順文從顯然明白以斷吉凶命工鋟刻辛巳畢工置諸祠廟以表誠衷神

其鑒知垂祐無窮尚饗

維洪武二十五年歲次壬申三月某日敢昭告于南瀆大江之神曰人謀以神而决神意以籤而傳蓋非神則人謀之藏否難知非籤則神意之緼奧難達此感應靈籤之所以作也舊籤凡百有二十而文俚義晦予嘗改而作之庶達神意以相人謀而往往占者弗荅來意豈神無意於斯而聽其自為吉凶也歟神必不爾也用是遣官禱於祠下願降靈應以副臣民求福稽疑之心神其鑒知尚饗

維洪武二十五年歲次壬申七月某日謹遣左長史黃叉義以牲醴之奠致祭于南瀆大江之神曰惟神泒出岷山位尊

四瀆國家崇祀蓋欲保斯民於安養之地也今自五月初至六月終亢陽爲雩蘊隆蟲蟲蒸欝之氣倍於常年予居深宮之中憂心如熏而況於征戍之苦行役之勞耘耨之勤者乎爰於六月二十七日早命紀善張安伯代陳情素已沐感通旋霈微潤今則虔請靈泉奉安祠下用遣以牲醴致奠惟神起潛淵之龍普施霖雨疏岷江之水溢爲恩波化炎歊爲清涼俾民氣之和平氛壓不動禾黍芃芃惟爾有神鑒予至意

尚饗

維洪武二十五年歲次壬申八月某日謹遣左長史黃友義以牲醴庶羞之奠致祭于南瀆大江之神曰惟神岷嶺經流

國家正祀凡有水旱必禱無非所以福斯民也今歲自仲春以來兩月不雨行者興歎居者以憂予心惕焉爰遣官屬致祭神祠既詣龍湫恭請聖水至日大雨民猶以爲未足復命道流誦經虔禱今則神惠昭彰甘澤普洽謹遣官致祭祠下奉送靈泉以謝靈貺惟爾有神庶其鑒知尚饗

維洪武二十八年歲次乙亥八月某日謹遣紀善余潮以清酌時果之奠致祭于江瀆之神曰王者祭境內山川而江瀆則境內之大川也故有求必祭而禱焉予曩因世子偶失節宣禱于神祠獲臻康泰今則初度肅臨用陳清供于以酬恩於既往于以祈福於方來惟爾有神俾之德與日新智與時

長相協厥居以介景福尚饗

祭玄壇

維洪武二十八年歲次乙亥十二月某日遣成都右護衛指揮同知蔡觀以牲醴之奠致祭于正一龍虎玄壇金輪執法趙元帥曰惟神稟金水之氣合體用之全雷霆以彰其威將吏以宣其令賞善罰惡神實司之茲者新廟告成遣使往奠伏願丕闡威靈益昭神化使四境之內凡趨善謝過之人爲之除災翦祟默加庇祐其冥頑不化害衆成己必爲之陰加譴責無俾其爲生人之蠹也神其鑒知尚饗

祭城隍三

維洪武二十八年歲次乙亥八月某日謹遣官以清酌時果之奠致祭于城隍之神惟神聰明正直廟食茲土四境之内莫不維持而保祐之寔所以相邦家之治也予曩因世子偶失節宣禱于神祠獲臻康泰今則初度甫臨用陳清供于以酬恩於既往于以祈福於方來惟爾有神俾之德與日新智與時長相恊厥居以介景福尚饗

曰幽明一理神人一心人者所以事乎神而神者所以祐乎人也惟神有靈廟食茲土官吏兵民出必祈反必報水旱疾疫必禱禱必應其有功於民也大矣而廟在城之西隅歲久日深棟宇傾圮風雨震凌予心惕焉爰擇今月二十日辛亥

分官董役鳩工度材撤其舊而新之正殿兩廡以次修舉茲
特遣官祭告惟祈默佑陰相俾之不日告成則庶幾神有所
依而我民求有賴焉伏惟鑒知尚饗
維洪武二十九年歲次丙子九月丙辰朔十五日庚午遣右
護衛指揮同知李遵以牲醴之奠致祭于城隍之神曰惟神
聰明正直廟食一方爲城爲隍而保佑乎邦家也是以文臣
武將士卒民庶凡有求必禱禱必應神之爲靈昭昭矣顧瞻
舊廟歲久傾摧於是命官督匠撤而新之今則棟宇完美工
匠告成日吉時良乃安神位尤慮經營之始動土興工不無
禁犯用是遣官致祭以謝以祈伏願彰善宥過降福消災上

下無虞兵民按堵五風十雨迄用康年凡所禱求悉希庇祐

祭杜子美 二

維洪武二十六年歲次癸酉十二月某日遣官以牲醴之奠致祭于草堂先生杜公曰先生距今之世數百餘年而成都草堂之名至今日而猶傳予甞縱觀乎萬里橋之西浣花溪之邉尋草堂之故址顛衰草兮寒烟是以不能無所感也於是命工搆堂闢地一區扁舊名於其上庶幾過者仰慕乎先賢然人之所傳者先生之遺編也而予之所羡者蓋以先生一飯之頃而忠君愛國之惓惓雖其出巫峽下湘川固不戀戀於此而先生之精神猶水之在地無所往而不在焉爰矢

辭於翰墨寫予心之悄悄臨風釃酒尚其來旋

維洪武二十八年歲次乙亥七月某日遣左長史陳南賓以牲醴之奠致祭于草堂先生杜公曰惟公生逢亂離載馳載逐爰自秦川東入同谷橋横萬里之西溪枕浣花之曲僑寓他鄉於焉卜築紅蕖浥冉冉之香翠篠淨娟娟之玉何雨脚之如麻慨秋風之茅屋惟忠義之不忘吾廬破其亦足無景仰於高山幸今封於全蜀尋草堂之故基撫前脩之遺躅方隅繚兮垣墻堂宇撐其梁木神位孔安恍兮在目遣官致祭奠以醯醁惠我邦家斯文之福

祭后土

維洪武二十七年歲次甲戌四月某日遣左長史陳南賓以
清酌之奠祇薦于后土氏之神曰古者國君祭境內山川以
其氣之相感也威鳳之山鍾奇孕秀密邇王城之外今為逝
者窆茲幽宅命官告祭以安其靈神其保佑俾存歿均有賴
焉惟神鑒知尚饗

祭威鳳山后土

維洪武二十八年歲次乙亥六月某日敢昭告于威鳳山后
土之神粵惟茲山屹乎城北實我邦之屏翰也一草一木皆
神司之予嘗分命兵民屏其菑翳樹以嘉植人力非不至也
雨露非不滋也歲久日深殆將成林而蟲之為害或蠹其心

或腐其根使之不遂其生是豈山之性哉用是遣官祭奠惟
神有靈除蠹蟲全木性則翁鬱扶踈而衣被茲山矣得不有
賴於神哉敢告

祭威鳳山

維洪武二十七年歲次甲戌七月某日遣右長史明德以牲
醴之奠祭告于威鳳山之神粤惟鸞翔鳳翥鍾奇毓秀屹然
于王城之北者茲山也邇者開塋域樹享堂建立厨庫房舍
動土興工殆且數月矣今則木石已備工匠告成慮恐軍士
衆興役日久不無驚犯土神於心惕然謹於事完之日命官
致祭以謝以祈伏惟山靈擁護呵禁嚴明使逝者得安於玄

堂存者世守於邦家神其鑒知尚饗

祭韞玉山

維洪武二十七年歲次甲戌八月某日遣左長史陳南賓以牲醴之奠致祭于韞玉山之神曰山者石之所聚石者山之所生取之有時運之無窮雖邦家每資其用而實有神以司之也茲者營造寢園命工鑿石不無驚動山靈觸犯方禁今特遣官祭告以謝前愆以祈後功惟神有靈默加庇佑人輸車運普賜安寧神其鑒知尚饗

維洪武二十八年歲次乙亥八月某日遣成都右護衛指揮同知李遵以牲醴之奠致祭于韞玉山之神曰山者石之所

自出而石者地氣之所凝結也今欲命工匠動雲根分孶巘之嶢岩鑿蒼苔之磊落以爲邦家之用而爾神司之用是遣使致祭以告于茲山之靈俾人匠之衆陸運車輸復險如夷默加庇佑式昭靈貺伏惟神其鑒知尚饗

祭享堂

維洪武二十七年歲次甲戌三月某日遣左長史陳南賓以牲醴庶羞之奠祭告于享堂棟梁之神曰古之祭祀家有祠堂墓有享堂皆所以致其誠孝之心也今卜宅兆於感鳳山之北以安逝者之靈享堂之建於禮寔宜乃擇庚申吉日豎立梁棟遣官致奠用祈爾神扶持正直守護方隅歲時墓祭

存殁均有賴焉伏惟鑒知尚饗

祭塩井

維洪武二十九年歲次丙子三月某日謹遣成都右護衛指揮同知李遵以牲醴之奠致祭于塩井之神曰塩之所產其地非一或出於海或出於池或出於井神皆司之而蜀之塩則井之所出也長松山去城五十里舊有塩井四堙廢久矣今遣官命工開濬煮水爲塩釃酒封羊告于有神用祈靈貺以資國用伏惟鑒知尚饗

祭黃船

維年月日遣某官以牲醴之奠致祭于黃船之神惟神専坎

之德秉震之功以相予行以安我躬茲當冬季修造畢工謹
以牲醴致祭神其鑒知尚饗

維洪武二十九年歲次丙子十二月乙酉朔二十二日丙午
遣中護衛指揮同知李眞以牲醴之奠致祭于黃船之神曰
古者天子造舟諸侯維舟大夫方舟士特舟今之黃船猶古
之維舟也予欽承　上命分封于蜀歲時朝覲出巫峽浮大
江以達于京皆資於舟楫之利也茲者刳木爲舟剡木爲楫
虛而深寬而有容中央左右互相維持而克底於成者爾神
寔默相於其間焉用是遣官致奠告厥成功尚饗

祭橋梁

維年月日遣某官以牲醴之奠致祭于橋梁之神曰惟茲河流映帶王室石橋中峙如昂之立蚩蚩者氓往來憧憧昌廣其敬昌肅其容爰集良材爰擇吉日東西之傍兩橋翼翼經之營之惟神有靈陰祐默相不日告成徒杠輿梁民不病涉金城湯池惠我無斁尚饗

驅鼠

蜀府長史司洪武二十八年九月某日爲驅鼠事左長史劉哲等官於承運門敬奉　令旨嘗謂凡物之生雖曰有性人之愛惡者不無異焉鼠之爲物可惡而不可愛尤甚山林田野不擇利便而處必穿我崇墉入我宮宇鈌我服用毀齧我

經籍耗竊戕倉積甚則入槖翻盆舞聲弄恠令人惡而不愛
者不可悉舉惟城隍之神司其土地百靈醜類罔不聽命爾
長史司移文城隍袪除攘辟使入山林田野穴居窟處遂其
所性況茲五穀皆登草木亦實鼠其以生以育莫不利焉敬
此合行具牒卜茲吉日謹以香果之奠維神其鑒知是究是
察謹牒

獻園睿製集卷之七

獻園睿製集卷之八

祭文

祭兄魯王 四

維洪武二十三年歲次庚午某月日謹遣百户李義以庶羞之奠致祭于 兄魯王之靈曰嗚呼吾兄錫封東魯期永堅於盤石胡遽棄於藩府痛會晤之無從悵音容之莫覩疆境界限道路脩阻望雲遠斷於鴈行執紼空懷於葬所官屬留行我心良苦泰山黯兮蒼茫濟水咽兮淒楚靈兮靈兮歸于下土骨肉永訣兮千古萬古嗚呼哀哉尚饗

猗歟 聖代茅土錫封吾兄開國東魯之東五年于茲盤石

穹蒼濟疏其流代仙增其崇爲　國藩輔永世無窮初云得疾
視天蒙蒙意謂斯證藥石可攻天不假年竟焉告終兄弟之
感古今所同義不越境哭奠無從爰遣官屬爰達我衷矯首
東望涙灑悲風嗚呼哀哉尚饗

嗚呼吾　兄不可得而見矣而其親愛之情友于之誼不以
時之久遠而或忘也今玆春首歲月一周用是遣千戶趙成
致祭靈所庶足以慰幽魂於冥漠也靈其有知尚饗

維年月日謹遣奉祠副祝淵以牲醴之奠致祭于　兄曾王
之靈曰兄弟天倫死生大變服止於期年禮之制也而友于
之誼傷感之懷則愈久而愈悲也期年云乎哉嗚呼吾兄之

逝星霜二周矣每矯首東望而情之所鍾如泰山之高濟河之深其可以限量計耶今茲冬寒遣使致祭雖九京莫起而英靈則如在焉嗚呼哀哉尚饗

祭外祖考滁陽王外祖妣滁陽王夫人

維洪武　二十七年歲次甲戌十二月某日外甥某敢昭告于外祖考滁陽王外祖妣滁陽王夫人曰惟靈順時舉兵定惟英武肇我　皇圖開我疆土撫封西蜀于今五年茲當仲冬謹遣前儀衛副蕭德奉牲醴庶品詣廟告祭伏惟鑒知尚饗

祭忠武下

維洪武二十八年歲次乙亥十二月某日遣成都中護衛百

户毛智以牲醴之奠祭于開國功臣東甌忠武王湯和之靈惟爾早建忠義積功累勤上授朝廷之顯爵下綿祿位於子孫復蒙賜歸田里獲享高年之福今雖一疾長往亦何憾焉茲特遣人祭以牲醴靈其享之

祭兄秦愍王

維洪武二十八年歲次乙亥六月癸亥朔二十日壬午謹遣成都右護衛指揮同知蔡觀謹以牲醴之奠致祭于　兄秦王之靈曰兄弟之親天倫至重封建大藩　上命尤尊吾兄既逝痛割衷腸境土相隣不遑弔恤日月流易卒哭來臨遣使奠祭寔傷我心嗚呼哀哉靈其昭格尚饗

大明開天兮伊　皇上帝惟　皇建極兮本支百世作藩屏兮固盤石分茅土兮期帶礪並受國兮地與㒚秦封兄兮蜀封弟同心協志兮共安黎民保障潾維兮千秋萬歲元良繼體兮兄次而長夙夜謹度兮式刑四方夫何一疾兮天不假年棄諸弟兮鍾情感傷限封守兮弗克來臨敬遣使兮賫哀我心骨肉痛兮手足親遥瞻拜兮淚盈襟尚饗

維　皇明之受命兮付俾萬方大封諸子兮兄王秦邦伊盛德之孝友兮爰治國其有禮將上粤惟整肅兮臣庶咸至于濟濟顧秉心之若是兮宜壽而康年甫強而亟薨兮孰不痛傷矧弱弟之菲德兮茅土隣于藩國胡哀訃之遽聞兮致雨

淚之盈掬彼日月之易邁兮恒有似乎川流痛舉觴而弗逮兮嗟道路之阻脩念卜葬之有日兮禮曷敢忘恨音容之永隔兮實有割于中腸遣侍臣以致奠兮望秦川而涕泗滂沱山有松栢兮水有蒲荷思吾兄兮傷如之何尚饗

秦蜀隣境也兄弟懿親也以兄弟之懿親而居秦蜀之隣境其爲幸大矣壬申春予自京還道出大藩吾兄命駕而迎出郭而餞友愛之情溢於辭色之表欣感何限玆者悲風西來忽以訃告其悲痛之情爲何如耶睠予兄弟之間自 懿文而次惟吾兄最長壬申之夏 懿文薨逝甫及三載而今春不幸吾兄復棄諸弟其悲痛之情又爲何如耶山川遼遠不

得撫棺臨葬遣官往奠相會無由嗚呼哀哉伏惟尚饗

維洪武二十九年歲次丙子三月某日謹遣成都右護衛百戶馬馴以牲醴之奠致祭于　兄秦愍王之靈曰兄弟之情視同手足茅土之封地連秦蜀展親之儀皆載簡牘問安之使相與往復正茲懽好何奪之速日月不居小祥旋告遣使致祭三奠醮醊遥望寢園感我衷曲嗚呼哀哉尚饗

祭兄秦愍王嫂愍烈王妃

維洪武二十八年歲次乙亥九月某日謹遣某官以牲醴之奠哭祭于　兄秦先愍王之靈兄嫂愍烈王妃之靈曰嗚呼綱常大義兄弟懿親秦蜀異封壤地相隣于蕃于宣之翰之

屛國有常制禮不越境癸酉之春朝于京師奉　命而旋載馳載驅歷周及晉達于大府命駕出郊慰我心苦式燕且喜其樂怡怡一時之別千載之悲赴告遠來雲淒風冷嫂也孔賢奮身同殞　父皇聞訃以憂以傷妃謚愍烈王謚愍于時維九月克襄大事攀號靡從潛焉出涕南山律律渭水洋洋差穀雙塚鬱兮相望有子襲封鎮茲疆土寃兮孔安千古萬古嗚呼哀哉尚饗

祭兄晉王

維洪武二十一年歲次戊寅五月丁未朔初十日丙辰致祭于　兄晉王殿下之靈曰惟兄令德孝恭英姿神武封建晉

國臣庶歸仁友于之親如手如足奄聞薨逝傷痛曷勝弟遠守藩維莫獲奔赴特遣成都中護衛指揮趙成恭詣几筵敬奉牲醴告祭無任哀號追慕之至兄其鑒知尚饗

祭蒲城郡主

維永樂三年歲次乙酉九月某日遣門副張興內使何廣以牲醴之奠祭于姪女蒲城郡主之靈曰昔者汝父棄世爾尚幼齡當銜悲茹苦之時乃能聽從姆教成此令儀以常情處之誠爲難也逮夫分封大郡謹肅雝之德尤不挾貴以驕其夫婦道之善又何如耶方期享有福壽佩服　寵光云胡一疾弗瘳竟爾長逝嗚呼人情相感莫切至親情之切者感之

深也兄其已矣爾復云亡興言至斯不勝傷悼玆特遣人奠以牲醴爾其有知來服斯祭

祭外甥女瑤芝

維永樂三年歲次乙酉十二月癸亥朔十九日辛巳遣內使余麟以牲醴之奠祭于外甥女瑤芝之靈曰昔者爾父云亡重予傷感盖以爾等幼穉而違棄大蚤也爾母公主獨能堅守志節教誨提携男長女成各適其願可感之中而幸有可慰者在何爾季弟遽以疾終爾將有家亦復辭世修短之柄果誰為之耶嗚呼宜壽而夭辜爾母心興念至斯豈勝哀悼

祭壽陽郡主

維年月日遣某官以牲醴之奠祭于姪女壽陽郡主之靈曰情親相感同氣尤深每念先兄重予傷慨爾以幼乍失怙孤苦何堪乃能以禮自持式遵懿範故始則成女德之貞而終則成婦道之善也正期終享富壽用懌邦家夫何一疾弗瘳竟爲永訣聞訃驚惻爲何如哉嗚呼痛爾不置實切予兄與念至斯豈勝哀悼

祭保安王

維永樂八年歲次庚寅二月戊戌朔越二十七日甲子遣成都中護衛鎮撫張志善以牲醴之奠祭于姪保安王之靈曰惟爾明敏篤厚妙齡受封謂宜壽考享有富貴云胡不淑竟

以訃聞視爾猶子痛切予懷遣使致奠爾其享之

祭南陽郡主

維永樂八年歲次庚寅八月乙未朔初八日壬寅遣內使程祥以牲醴之奠祭于姪女南陽郡主之靈曰壽夭之數天實爲之汝之淑善旣成有家宜享富貴而不永年亦獨何哉猶子之念痛切肺腑兹特遣使往奠汝其有知來服斯祭

祭崇陽王妃

維永樂九年歲次辛卯十月己丑朔十六日甲辰遣內使某祭于崇陽王妃之靈曰惟爾柔順之德來嬪王家柰何茂年遽爾殞逝視親之故聞訃嗟悼兹特遣使祭以牲醴爾其有

知來服斯祭

祭姪秦王

維永樂十年歲次壬辰某月日遣成都左護衛千戶賈保祭于姪秦王之靈曰爾以妙齡襲封大國方期藩屏　帝室以固宗盟何爲染疾弗瘳遽焉長往訃音忽聞豈勝哀痛茲特遣人奠以牲醴爾其有知來歆斯祭

祭伊王

維年月日遣儀衛副程恕祭于弟伊王之靈曰季弟賢明疏封伊洛方當共享太平藩屏　帝室夫何一疾遽隕天年訃音忽聞令我驚悼尚念同氣痛切于心茲特遣官奠以牲醴

爾其有靈尚克享之

祭永安公主

維永樂十五年歲次丁酉正月戊子朔十六日癸卯遣承奉正劉寧以牲醴之奠致祭于永安公主之靈曰惟靈貞淑之德孝敬之行著于戚畹昭于邦家宜膺壽考享有多福云何一疾遽隕天年入覲京師適聞訃音豈勝哀痛茲特遣使奠以牲醴靈其不昧尚克享之

祭姪永壽王

維永樂十八年歲次庚子十月丙申朔初二日丁酉遣典仗蔣敬祭于姪永壽王之靈曰惟爾 帝室懿親天資洵美疏

封大郡望爾永年式固宗盟益隆枝輔胡爲一疾遽止於斯猶子之情豈勝痛悼茲特遣人賫以牲醴靈其不昧庶克享之

祭安王

維永樂十五年歲次丁酉十一月壬子朔二十四日乙亥遣成都中護衛千戶顧敏祭于弟安王之靈曰弟以昌盛之年分封大國稽古好文蚤有令譽方期藩屏 皇家膺受百祿云何不淑遽爾薨逝訃音來聞令我驚怛追念友于之誼豈勝哀痛茲特遣官賫以牲醴靈其不昧尚克享之

祭永興王

維永樂十六年歲次戊戌二月壬午朔二十七日戊申遣成都中護衛千戶顧敏以牲醴之奠祭于姪永興王尚烈之靈吾兄諸子惟爾最賢膺受王爵令聞誕敷去歲朝覲京師道出于秦覩爾儀觀卓然不羣謂當共享富貴藩屏 皇家何期一疾遽爾長逝猶子之念痛切予懷茲特遣使奠以牲醴靈其不昧尚克享之

祭信國公

維洪武二十八年某月日遣成都中護衛百戶毛智以牲醴之奠祭于開國功臣信國公湯和之靈曰鹿走中原羣豪傑蠭起塵埃之中孰識 天子嗟嗟虎臣惟資英偉攀鱗附翼惟

天所俾委質為臣乃心無二授鉞專征為國效死除彊翦暴
手提尺箠號令嚴明向風披靡逮夫功成治定上所眷倚乃
封公侯乃賜甲第豐以金帛侈以奴婢既醉太平恣其跡弛
遂亡其勞時維有喜衣錦還鄉臨淮之涘故人高會飫金有
幾歲時勞賚報功不已夫何美疢奄然長逝全于身名保其
終始可謂福人可無憾矣靈其有知來歆來格

祭莊簡公

維洪武二十四年正月某日謹遣成都中護衛鎮撫李仁致
祭于恩國莊簡公張赫之靈曰爾昔從我　父皇渡江以來
東征西討屢有成績命督海運尤效勤勞是以爵錫侯封榮

貴爲至今者以疾長往于家嗚呼人之生死固理之常爾以
勇敢之資際會風雲致位通顯而獲其善終可謂難矣爾雖
逝矣復何憾焉尚饗

祭徐司馬

維洪武二十五年歲次壬申閏十二月某日遣奉祠正胡端
甫以牲醴之奠諭祭于右軍都督同知徐司馬之靈曰嗚呼
爾之有生年甫髫齔我 父皇鞠汝畜汝視之猶子也及長
訓爾以詩書教爾以武事俾至于成人乃命爾鎮守浙右保
障河南惟爾好賢下士撫軍恤民十餘年間聲譽藹然遂僉
中軍都督府事人皆稱之曰能今夏越巂之變自作不靖以

爾副二大將帥師征之時雲南西平侯告終擇其善繼之者陞爾爲右軍都督同知俾代其任　命下之日以軍事未遑啓行仲冬凱旋暫駐成都將往彼署事焉不幸而遽逝也嗚呼黔南之民望汝之來久矣而孰知其果不來耶惜哉然爾自幼及壯我　父皇育之誨之寵之任之其得　君如此其重也夫何憾焉予嘉爾之能惜爾之死遣官往奠慰爾於冥冥之中靈其有知享茲諭祭

祭西平侯二

維洪武二十五年歲次壬申七月某日遣中護衛鎮撫黄讓以牲醴庶羞之奠諭祭于開國功臣西平侯沐英之靈曰嗚

呼侯在幼齡遭時不辰惟我　父皇鞠育慇懃視之猶子俾克成人教以武備知畧超羣大將奉　命張皇六軍侯佐其行克効忠勤爵以侯封深佩國恩四海混一孰不來庭蠢茲南詔聲教罔遵侯總戎事克樹厥勳爰鎮茲土來宣來旬欲化諸蠻俾蹈彝倫惟茲重寄寔在一身胡爲奄逝遼隔千春邊隣之警失此良將朝野之望失此重臣緊我之國壤地相隣訃音遠聞我心氤氳遣使往貢悲風愁雲靈兮有知兮茲

諭祭

嗚呼維侯初年遭世擾攘煢煢子立依我　父皇爰及壯歲式覩時康惟茲雲南僻處遐荒恃險負固叛服不常留總諸

軍鎮禦邊疆十年于茲撫字有方圍以德化示以紀綱恩孚信結浹于蠻羌天奪之速中年云亡　父皇有命爰具舟航載爾靈柩返于帝鄉道經瀘水白雲飛揚遣使往奠心焉求傷嗚呼生榮死哀侯兮有光朝野觖望失此純良靈其有知來歆來享

祭海西侯

嗚呼我　父皇嘉爾來歸授以侯爵榮爾身家既而命從大將往征百夷豈期染疾中途遽然長逝今者靈櫬既還特遣人祭以牲醴嗚呼早無享於富貴晚遭遇於　聖明人而若此可謂難矣爾其有知服斯諭祭

祭景川侯妻葛氏

洪武二十三年歲次庚午四月某日遣內使勝保以牲醴之奠諭祭于景川侯故室葛氏之靈嗚呼夫人爰自有家歸于曹門艱難備嘗於早歲富貴宜享於暮年夫何一疾遽隔九泉然夫也授封侯爵子也允爲嫡嗣祿位世延今雖逝也夫何憾焉爾其有知享茲諭祭

祭姨丈馬公

維永樂八年歲次庚寅十月甲午朔十六日己酉遣成都右護衛千戶汪澄以牲醴之奠致祭于姨丈馬公老官人之靈曰草昧之初熊咆虎噬以力爲雄室家莫庇唯我　母姨夫

人實歸于公公以積善肥遯山東天下大定再踰星紀乃報
宗戚既驚且喜遂獲迎奉同歸　帝鄉有子有壻優游樂康
子登上庠壻亦儀美公與夫人宜多受祉夫何一疾奄棄人
世嗟予平昔未覿容儀番番老成致我遐思訃音忽聞悲悼
曷已雲山蒼茫相望萬里茲特遣使遠奠一觴靈其不昧尚
期來享

祭舅母劉氏

維永樂十年歲次壬辰十二月壬子朔初十日辛酉遣中護
衛鎮撫馬馴致祭于舅母劉氏夫人之靈曰外祖之勳　皇
業寔基舅氏承家有賢內助戚畹之榮優游晚景訃音倏聞

令我驚悼茲特遣使奠以牲醴惟靈不昧尚克享之

祭母姨夫人郭氏

維永樂十八年歲次庚子四月某日遣承奉副龐銘謹以清酌素羞之奠祭于母姨夫人郭氏之靈曰昔在元季山東蝗旱淮土歲穰流散四集于時夫人妙擇名門歸配馬氏厥後中原鼎沸各擅土疆我　太祖皇帝鏟除羣雄肇新宇宙于時夫人隱於編戶再踰星紀乃還故鄉屬尊戚里年踰八袠可謂享太平之盛福柰何厭世溘然長往相望萬里忽聞訃音未覩容儀曲承教誨言念　先妣涕泗交零茲特遣人恭陳素奠惟靈不昧尚克享之

祭鎮遠侯顧成

維永樂十二年歲次甲午六月某日遣成都右護衛千戶嚴旺祭于鎮遠侯顧成之靈曰爾以頗牧之材膺方召之任邊境賴之以安于茲二十餘年矣邇者蠻夷陸梁干紀亂法天誅所加興師命將爾以八衮之年矍鑠往征擒其渠帥何期暑濕瘴疹遽中厥身旋師來歸終于正寢生封侯死廟食子孫嗣爵亦榮顯矣予以姻親之誼重念老成訃音來聞豈勝哀悼茲特遣人奠以牲醴爾其享之

祭都督劉

維永樂元年歲次癸未三月某日遣內使張興致祭于故都

督劉　之靈曰惟爾茂建武功擢居宥府撫戎遼左士卒歸心邇者還朝尋嬰疾疾適諧姻好何遽棄遺訃音遠聞不勝嗟悼茲特遣使奠以牲醴靈其有知來歆斯祭

祭典膳凌貴

維洪武二十五年歲次壬申二月某日遣引禮舍人賈泰以牲醴之奠諭祭于典膳副凌貴之靈曰光祿官署近在輦轂爾充庖役勤勤勉勉爰以年勞除副典膳十有餘年始終無倦侍我入蜀歷艱蹈險達於成都載欣載忭冀調適宜朝夕召見期享安榮庶慨素願豈意冬春疾病輾轉奄然長逝志不克展嗟爾之生實起微賤文不擇人易流不善惟我矜改

亦不汝譴今雖告終心或未慊瀝血書經過其可掩茲用遣使牲醴往奠回視爾曹似爾者鮮冤其有知享茲諭祭

祭典寶副祝清內使黃滎

維永樂六年歲次戊子正月庚戌朔三十日己卯遣典膳副茹泰以牲醴之奠諭祭于典寶副祝清內使黃滎之靈曰爾等出入禁闥勤勞有年邇者赴京將　命還報何期中道竟殞風波茲命也耶訃音俄聞予心悲悼茲特遣人奠以牲醴爾其有知來服斯祭

維永樂六年歲次戊子二月庚辰朔初七日丙戌遣典服副馮泰以牲醴之奠諭祭于典寶副祝清內使黃滎之靈曰大

乘之典所以拔苦趣超沉淪爲爾供 佛以報忠勤良因既
圓爾當開悟死生以證解脫故特遣人諭祭爾其諦聽之

獻園睿製集卷之八

獻園睿製集

九之十二

獻園睿製集卷之九

祭都指揮僉事傅爵

維洪武二十三年歲次庚午五月某日遣某官以牲醴庶羞之奠諭祭于故都指揮僉事傅爵之靈曰惟爾性秉剛毅遭時孔艱辛攀鱗而附翼奮威武之桓桓開疆拓土除兇去奸署衛淮楚　聖恩普殫惟老成之重望陞爵位之崇班乃膺茲土控扼羌蠻任委托於方面期罄竭於忠肝胡為一疾長往不還嗚呼人生天地善終為難爾生也榮爾死也安予欽承於　上命作西蜀之屏藩方有資於籌策乃見棄於塵寰天奚不假以壽考臨悲風兮浩歎嗚呼哀哉爾其有知享茲

諭祭

祭指揮僉事徐昇

維洪武二十三年歲次庚午六月某日遣某官以牲醴諭祭于成都前衛指揮僉事徐昇之靈曰嗚呼維茲小醜傷我良將在爾固得其所歸在衛則失其所仗予嘉爾忠爲之惆悵爾其有知來格來享

祭指揮同知劉義

維洪武二十三年歲次庚午七月某日遣奉祠正胡端甫以牲醴諭祭于成都中護衛指揮同知劉義之靈曰惟爾氣稟剛貞心存忠義當大軍之北征賬總戎於死地語云有馬者

借人乘之今無矣夫而况於危急之秋以馬與人而不顧其身者乎予也嵩爾之風嘉爾之功方資汝以護衛胡遘疾以告終嗚呼惜哉爾其有知享兹諭祭

祭復見心

維洪武二十三年歲次庚午某月日遣中護衛千戶趙成以素羞之奠祭　勑賜圓通禪寺住持蒲庵大禪師見心復公覺靈曰惟師叢林先覺四海宗匠道德云亡臨風三悵文章之在光燄萬丈雲山悠悠動我遐想清夜之夢告終無爽然其生也有自來其死也有所往不生不滅非色非相大江之西長淮之上靈光妙音千載同仰嗚呼哀哉尚饗

祭曇鍠

維洪武二十四年歲次辛未四月某日遣紀善張安伯以素羞之奠祭于前大蘆興平報國禪寺住持曇鍠之靈曰惟靈曲阜之派四明之裔傳臨濟之正宗爲蒲翁之眞子師資之誼聞於人道德之重任於己不辭萬里而入蜀將以有爲於此夫何不幸而有斯疾遽溘焉而聽其所止也耶嗚呼哀哉

尚饗

祭指揮僉事楊政

維年月日遣某官以牲醴之奠諭祭于西寧衛指揮僉事楊政之靈曰我聞在昔若李世勣輩皆率衆來歸爲有唐之名

臣爾以識時之俊兼人之勇率衆來歸爲　國宣力信無愧
於昔人也今也從征越巂深入險阻瘴癘侵凌奄棄塵世豈
不深可痛哉遣官往奠淒其以風魂兮有知享兹諭祭

祭千户龔英

維洪武二十三年歲次庚午五月某日遣某官以牲醴諭祭
于故千户龔英之靈曰嗚呼惟兹蠻荒恃其險阻緊我大將
奮其威武爾其從征爰整行伍勇犯先鋒身膏草莽爲國効
忠雖死不死靈其有知享兹諭祭

祭千户顏忠

維年月日遣官諭祭于左護衛千户顏忠之靈曰爾之勇也

過于千人宜其護衛　王家而克稱其職也今曷爲而遂死耶男兒之志當以馬革裹尸而還今曷爲一蹶霜蹄而遂至於是耶嗚呼惜哉爾其有知享兹諭祭

祭百戶王大才

維洪武二十三年歲次庚午五月某日遣某官以牲醴諭祭于故百戶王大才之靈曰嗚呼惟兹蠻洞反覆不常我將我師威武奮揚緊爾之才百夫之良奮不顧身因陣而亡歿於王事死亦何妨爰遣官屬酹爾一觴享兹諭祭靈其洋洋

祭百戶申轉

維洪武二十三年歲次庚午七月某日遣奉祠副祝淵以牲

醴諭祭于成都中護衛前所百户申轉之靈曰爾際　明時
戚加德宣率爾士卒開我土田旣耕旣種期于有年胡爲一
疾遽隔九泉遣官酹爾悲風颯然爾其有知享茲諭祭

祭百户王德玉

維年月日遣某官諭祭于成都左護衛故百户王德玉之靈
惟爾曩起田野身備卒徒勇冠三軍命統百夫扞衛重慶禦
侮成都雖不搴旗以斬將亦嘗獻馘而係俘方仗汝爲爪牙
何一疾以遽殂嗚呼爾其有知享斯諭祭

祭百户張林

維年月日遣官諭祭于左護衛百户張林之靈曰爾龍衣爾父

爾受爾爵邑我西行司我工匠以爾年方壯盛期爾有爲胡爲一疾告終長往而不返耶嗚呼惜哉爾其有知享玆諭祭

祭百戶崔成

維年月日遣官諭祭于成都中護衛百戶崔成之靈曰惟爾才過百人是謂之乂爰自先鋒入我中衛命不少留遽爾捐世爾其有知享玆諭祭

祭夫人某

惟夫人風稟懿德歸于名門善相夫子以成厥勳諒賢淑之必壽宜享福於終身何嬰疾而不爽奄長夜而弗晨子也有婚姻之好寧不惻然而心動乎親親奠椒觴以致意魂彷彿

其如存尚饗

祭千户徐興

維洪武二十三年歲次庚午六月朔日遣某官以牲醴諭祭于成都前衛千户徐興之靈曰爾襲父職爲國忠人惜爾年予念爾終一死之勇千夫之雄遣官酹爾淒其以風

祭僧守聰

維洪武二十五年歲次壬申二月朔日遣紀善張安伯以素羞之奠諭祭于峩眉山歸雲禪寺住持守聰之靈曰繄爾之生東海之東慕中國之慈化傳濟北之正宗遂杯渡於萬里受眷知於九重勞來之厚恩澤之隆棹扁舟而西上迺遊觀

乎蜀中憩普賢光明之境登峩眉最高之峯境知雙泯物我俱空厭諠譁之習抱高尚之風疏財仗義貌瘠德豐海衆所賴聲望攸崇辭烟霞而暫出寓城南之梵宮雖嬰微疾言笑從容方開軒而遠覽倐據坐而告終神已出於左耳名無媿於守聰駭觀者於遠邇儼然如覩平生容嗟予聞訃心焉忡忡念爾之生於世也若慶雲之在於蒼穹其來也不知其始其歸也莫知其蹤三生石上妄化重逢扶宗風於像季開有生之羣蒙靈其有知享玆諭祭

祭指揮僉事瞿琛

維洪武二十五年歲次壬申九月某日遣奉祠正胡端甫諭

祭于成都前衛指揮僉事瞿琛之靈曰嗚呼爾父立功爾襲其職載陞指揮益顯前烈爾父死忠爾踵其跡西征越巂直抵巢穴瘴癘侵凌中道而歿訃音一聞爲之痛惜遣官往奠悲風蕭瑟享斯諭祭庶其來格

祭指揮同知彭泰

維洪武二十五年歲次壬申十一月某日遣某官以牲醴之奠諭祭于西安左衛指揮同知彭泰之靈曰惟爾才雄志銳威武桓桓百戰百勝指揮西安氣吞越巂勢壓羌蠻乃奮身而決戰竟褁尸而西還嗚呼爾之生也有兼人之勇歿也有報　國之忠可謂死得其所矣又何憾於九京之中哉一觴

徃奠深感予衷靈其來格颯然以風

祭指揮同知陳節

維洪武二十五年歲次壬申十一月某日遣典官以牲醴之奠諭祭于成都後衛指揮同知陳節之靈曰嗟惟爾父素懷忠義附翼攀鱗指揮後衛辛勤門户以遺後昆緊爾兄弟伯仲二人伯也早歲從征松潘摧堅陷陣裹尸而還爾也襲爵從征越巂奮身赴敵歿于師旅嗚呼爾父爲 國効忠而繼有哭子之慟爾兄弟爲 國死忠而不得盡事親之奉嗚呼痛哉然天之於忠臣孝子也使其名永永而傳雖死不死又何憾焉爾其有知諦聽諭言

祭指揮僉事將琮

維洪武二十五年歲次壬申十一月某日遣某官以牲醴之奠諭祭于西安後衛指揮僉事將琮之靈曰生而無聞者與樗櫟而俱朽死而得所者煥丹青而同久嗟爾之生爲國建功嗟爾之死爲國効忠雖身陷於鋒鏑垂令名於無窮遣官諭祭我心忡忡靈兮如在雲黯長空

祭指揮王寶

維洪武二十五年歲次壬申某月日遣某官以牲醴之奠諭祭于臨洮衛指揮王寶之靈曰人孰不有死也而得其所者雖死而若存也今爾從征越嶲爲國死忠士卒慟之大將

惜之其死也可謂得其所矣然生弃死歸在爾固無所憾惟予念爾之忠復恨臨洮失一賢指揮也用是遣官往奠慰爾於冥冥之中爾其有知享兹諭祭

祭百户吴受

維洪武二十五年歲次壬申九月某日遣奉祠正胡端甫以牲醴之奠諭祭于中護衛右所百户吴受之靈曰爾本十夫氣雄膽壯從征韃賊奮身而往拔劍斬首將校稱賞用是超陞百夫之長今征越嶲勦其羣黨殁于山寨雲氣凄愴予嘉爾忠倍增惆悵遣使諭祭爾其來享

祭良醫張思敬

維洪武二十五年歲次壬申閏十一月某日遣奉祠正胡端甫以牲醴之奠諭祭于權良醫張思敬之靈曰嗚呼思敬自我入蜀于今三年爲國醫之領袖每相與以周旋㠯爲而遽至於是耶爾之生也厖眉皓首氣充神全宜黄耇兮鮐背享福壽之綿綿㠯爲而遽至於是耶爾之病也藥非不良技非不專環衆醫而胗視冀萬一之或痊又㠯爲而竟至於是耶嗚呼爲善在已有命在天死生晝夜理之必然爰遣官而往奠寫予心之悄悄兔兮有知聽兹諭言

祭寶曇和尚

維洪武二十五年歲次壬申十月某日遣紀善張安伯以素

羞之奠祭于寶曇和尚之靈曰嗚呼爾之有生異事競傳謂斷崖之再來了夙世之良縁名聞　帝閽勅使往宣敕於其行訥於其言既　帝心之悅愉豈會遇之偶然粤惟西南大峩之巔爾行其志爾其往焉効勤勞於卜載依大士之普賢金像輝煌棟宇渾堅壯江山之勝槩聳遠邇之觀瞻偕上計於京師覲清光於日邊望庭柯之迴指期奏對以言還乃脩然而坐蛻携隻履之翩翩嗚呼光明境裏生而遊焉返而埀焉爾之爲幸大矣故茲諭祭爾其聽之

祭比丘妙雲

維洪武二十一年歲次戊辰七月某日遣紀善張安伯以素

羞之奠諭祭于前天界住持比丘妙雲曰嗟嗟雲翁教傳非
宗拔于流俗釋門是從孰爾之師雪澗司空孰爾之薦曹國
李公左街掌教出入王宮慈乎其衷偉乎其容折蘆渡江掛
錫槎峰咨爾二老南訢北洪惟爾尚壯何別忽忽靈光妙音
儼乎圓通千載之下仰其高風

祭道士王元亮

維洪武二十五年歲次壬申二月某日遣右護衛指揮同知
鄭義以清酌庶羞之奠諭祭于南瀆廟道士王元亮曰嗟爾
有生長於西蜀爰自童蒙早厭囂俗慕大道之玄風訪高人
之遺蹤或董正於琳宮或宣揚於黃籙吁閶闔以排雲呈琅

玗以披腹患有身之爲累甘舍生而辟穀時已越於四旬竟莫遂其所欲爰保餘齡棲遅南濱予啓土於是邦哀耄期之惸獲賜以紈帛餽以粱肉壽将及於百年遂脩然而瞑目信清脩之有徵鼻下垂於雙玉矧風雨之如晦召仙班而收籙嘆斯道之久湮撫玄門而遐矚冀扶教以重來閲余經於玉局遣使諭祭奠以醽醁靈其有知慰我衷曲

祭指揮沈銘

維洪武二十五年歲次壬申十二月某日遣某官以牲醴之奠諭祭于河州衛指揮沈銘之靈曰漢将軍馬援有言大丈夫當以馬革裹尸壯哉是言也今爾從征越巂掃除兇逆奮

身而戰畏尸而還豈不毅然大丈夫哉予嘉爾志特遣官往
奠以慰忠魂爾兮有知享茲諭祭

祭指揮同知鈕炳

維洪武二十六年歲次癸酉四月某日遣奉祠正胡端甫諭
祭于成都左護衛指揮同知鈕炳之靈曰嗟惟爾父奮揚威
武間關百戰兩陞指揮年老告衰爾襲其職曾未兩朞倏云
其歿父志未終爾志未伸悲風蕭蕭憂心殷殷魂兮有知享
茲諭祭

祭千户夏福

維洪武二十六年歲次癸酉八月某日遣奉祠正胡端甫以

牲醴之奠諭祭于中護衛中所副千户夏福之靈曰　聖代
龍興四海雲從爾也奮身來歸爲國効忠千夫之長百戰之
雄人服爾勇予嘉爾功胡爲一疾倏云告終遣官往奠庶其
以風爾其有知享茲諭祭

祭百户胡貴

維洪武二十六年歲次癸酉五月某日遣某官以牲醴之奠
諭祭于成都中護衛百户胡貴之靈曰嗚呼才過百人曰惟
其長護我雄藩年盛氣壯胡爲一疾竟爾長往遣官諭祭爾
其來享

祭鎮撫李成

維洪武二十六年歲次癸酉十二月某日遣某官以牲醴之
奠諭祭于故所鎭撫李成之靈曰我朝龍興威武四宣爾也
從征摧敵陷堅論功行賞職位屢遷年老致仕優游暮年豈
期一疾竟爾弗痊善保終始夫何憾焉遣官往奠悲風颯然
爾其有知享兹諭祭

祭張蓬道

維洪武二十六年歲次癸酉十月某日遣紀善張安伯以清
酌素羞之奠諭祭于全眞道人張蓬道之靈曰嗚呼學道者
衆悟道者稀而道之悟否驗於死生之變而後知嗟世之士
口談希夷歸根復命觀化者誰惟爾年幾不惑遭逢亂離遠

服商賈歷艱蹈危乃幡然而改轍遂有契於玄機心猿一繫
意馬不馳煉甲庚而吐吞脩火棗與交梨出刼灰之季運覩
雍熙之盛時逍遥於渝川之上來遊於錦水之湄獘裘短褐
蓬首厖眉內充全於眞素歲已及於期頤一朝厭塵俗之溷
濁而仙遊有約於安期儵然坐逝玉筯雙垂見之者謂之嗟
訝聞之者謂之歔欷當死生之大變知守道之不移爰遣官
而往奠魂髣髴其來歸

祭指揮同知劉暹

維洪武二十七年歲次甲戌正月某日遣某官以牲醴之奠
諭祭于成都中衛指揮同知劉暹之靈曰嗟惟爾父以武勇

原稿缺第十二、十三頁

牲醴之奠諭祭于良醫正夏庭樹之靈曰惟爾年幾七袠重厚老成醫國之手久矣擅名侍予左右外恭内誠惟予汝嘉達于 帝京良醫之命邦人之榮受職未幾疾病靡寧輾轉數月竟隔幽明寒雲黯黯悲風泠泠傷爾之歿感我之情遣官諭祭爾其來歆

祭董宜人王氏

維洪武二十八年歲次乙亥六月某日遣奉祠正余琳以牲醴之奠諭祭于成都中護衛左所千户董斌母太宜人王氏之靈曰温然其質柔然其德長于名門歸于右族教子義方衛我王室爾宜含飴弄孫以介眉壽遽爾奄棄人衆良可傷

也用是遣官往奠恩禮有加爾其有知享茲諭祭

祭千户陳遵母張氏

維洪武二十七年歲次甲戌十月某日遣典樂胡道誠以香茗時果素羞之奠諭祭于成都中護衛中千户所正千户陳遵母安人張氏之靈曰人子之能事其君者必其母之能教其子也僚友士卒稱其母之善者必其子能和以處衆也爾子由百户陞千户事予之日雖淺然頗稱其職罔有過差非爾之能誨其子能若是乎予自開國以來羣臣之母之喪未嘗遣使賜祭今先於爾賜祭者蓋以爾之能誨其子也爾其有知享茲諭祭

祭成都衛百户茅道洸清朱生

維年月日遣官諭祭于成都前衛百户茅道洸清朱生之靈曰爾生也榮爾死也義百夫之特三邉之衛存忠義心秉剛果氣靈其有知享茲諭祭

祭指揮僉事張仁

維洪武二十八年歲次乙亥正月某日遣奉祠正余琳以牲醴之奠諭祭于會川衛指揮僉事張仁之靈曰會川在吾邦域之中歲時朝覲禮之常也爾其遵典實之常行朝正之禮進退肅恭予甚嘉之詎期一疾不痊歿于驛舘之中其傷感爲何如用是遣官往奠慰爾冥漠爾其有知享茲諭祭

祭千戶楊弘毋陳氏

維洪武二十八年歲次乙亥十一月某日遣其官以牲醴之奠諭祭于成都右護衛右千戶所副千戶楊弘毋宜人陳氏之靈曰惟爾有子克勤于邦言必謹恪動必安詳事予左右驅馳靡違寔予心之所嘉信毋教之有常才克長於千兵宜禄養於高堂方茲承命使于　帝鄉爾也不俟其返倏云其亡惟忠孝之一致儼爾子之在傍悲風蕭蕭白雲飛揚享茲諭祭靈兮洋洋

獻園睿製集卷之九

獻園睿製集卷之十

祭指揮僉事童義

維洪武二十九年歲次丙子三月某日遣署奉祠事紀善張安伯以牲醴之奠諭祭于成都左護衛指揮僉事童義之靈曰爾之事我于今八年老成慎重莫之或先日月逾邁濟力既愆六十有七尚未息肩胡爲一疾遽隔重泉興言及此爲之愴然遣官往奠聽茲諭言

祭典簿劉思濟

維洪武二十九年歲次丙子四月某日遣典寶正和景曾以牲醴之奠諭祭于長史司典簿劉思濟之靈曰肇開藩府十

年于此設官分職各有攸理惟長史司桉牘繁侈出納之明簿書之委爾以廉能靡不稱旨應對如丸剖決若矢從容閑暇詼諧宴喜奈何失躅竟弗能起終焉旅櫬抑無嗣子彼蒼者高喪此良士遣使酹酒惟昭格爾爾其有知享兹諭祭

祭僧德信

維洪武二十九年歲次丙子正月某日遣奉祠正余琳以香茗素羞之奠諭祭于成都府僧綱司都綱延慶講寺住持德信之靈曰惟爾禀性淳厚執德渾堅爲金仙之弟子與白衣而有緣寶坊屢葺聲譽遠傳惓兹西蜀昔多聖賢當元季之兵燹慨緇侶之播遷惟爾不遠離於鄉土享富壽之俱全我

來于蜀于蕃于宣撫老成之牢落瞻晨星之在天翔延慶之名刹開龍象之法筵究眞空之妙旨種衆生之福田正月始吉春和景姸命倌人而夙駕將校雜遝乎後先宣般若之大義聽法音之琅然何僅違於一日遂遽隔於千年儵然長逝百無所牽回視爾之副緇臥疾呻吟冥然而死者又何啻於霄壤之相懸似爾之終夫何憾焉遣官往奠故茲諭言

祭百戶康泰

維洪武二十八年歲次乙亥五月某日遣引禮舍人王儀以牲醴之奠祭于成都左護衛中所百戶康泰之靈曰人有生死物之冬夏其生也如榮其死也如謝自古皆如之今又何

足恢爾泰襲父之職閑於騎射以折衝禦侮之材奔走王事之勤不幸斯疾竟殞厥身嗚呼爾以強仕之年方期遠大之用今則已矣吁可憐哉今特遣官諭爾以祭靈其不昧來茲享之

祭百戶周子民

維洪武二十八年歲次乙亥七月朞日遣奉祠所典樂胡道誠以牲醴之奠諭祭于成都中護衛前所百戶周子民之靈曰爾以剛果之才樸厚之質服勞於事衛護於我人亦汝嘉且爾之從征討逆罔有敵焉於是立功受職方享榮休何止於斯而遽逝也其命也夫嗚呼惜焉茲舉報功之常典遣使

往奠於爾家爾其不昧享茲諭祭

祭千户毛海父振

維洪武二十九年歲次丙子正月某日遣署奉祠事紀善張安伯以牲醴之奠諭祭于中護衛千户毛海父振之靈曰嗚呼爾振性秉公忠聿當元季寔司兵農才畧有爲拔乎凡庸入於我朝時已衰癃有子二人教誨是從曰海曰智各樹厥功同官護衛有聲軍中海也侍予朝夕敬其智也効勞馳騖西東嗟嗟爾振一疾告終遣官往奠慘慘悲風爾其有知享茲諭祭

祭副千户朱暹

維洪武二十九年歲次丙子五月某日遣署奉祠事紀善張安伯以牲醴之奠諭祭于中護衛前千戶所副千戶朱暹之靈曰惟爾早歲從戎被堅執銳及乎暮年乃享富貴生榮死哀無憾無愧爾其有知來歆斯祭

祭百戶汪全

維洪武二十九年歲次丙子三月某日遣署奉祠事紀善張安伯以牲醴之奠諭祭于成都右護衛後所致仕百戶汪全之靈曰惟爾自少從軍摧堅陷敵因功受賞百夫之特父云告老子襲其職兩世一心輔我王國爾當暮年宜爾暇逸胡為厭世遽爾永隔遣官往奠悲風悽惻爾其有知享茲諭祭

祭百户榮福

維洪武二十九年歲次丙子六月某日遣典儀正栢純以牲醴之奠諭祭于右護衛後千户所致仕百户榮福之靈曰惟爾年少從軍多所効力爲我護衛百夫之傑至于晚年雙目風疾厥既投閑有子襲職庶幾暮景優游自適胡爲一旦幽明永隔遣官往奠悲風蕭瑟爾其有知來歆來格

祭指揮僉事周翰

維洪武三十年歲次丁丑十一月己酉朔十三日辛酉遣典寶正和景曾以牲醴之奠諭祭于四川行都司都指揮僉事周翰之靈曰惟爾少隸戎籍歷長千兵野戰攻城良亦勤矣

追夫萬方寧謐宇內昇平而爾亦得以引年賜告其子代秩優游居第樂亦有年邇者復奉綸音總戎藩鎮屬我疆埸政在倚毗豈期遘喪閔勞念舊實惻予衷爾其有知享茲諭祭

祭指揮同知鄭才

維洪武二十年歲次丁丑十二月己卯朔十三日辛卯遣典寶正和景曾以牲醴之奠諭祭于致仕指揮同知鄭才之靈曰惟爾奮身甲冑久從征討勞勩之功與歲俱積爰施爵賞貴以腰金政享壽祺於黃髮豈期卧疾以長歸然嚴名分竹帛之光子姓襲簪纓之美爾可揚眉含笑於地下矣今特遣官祭以牲醴爾其有知服斯諭祭

祭千戶孫義

維洪武三十年歲次丁丑六月辛巳朔初三日癸未遣奉祠副張安伯以牲醴之奠諭祭于左護衛前所副千戶孫義之靈曰從征年久克立功業拔於行伍授之以職宜輸報效之忠冀膺捍衛之任何卧疾而不起竟捐世以長歸然力殫於前澤流於後可謂令終無愧矣今特遣官以牲醴祭之爾其有知服斯其諭祭

祭百戶樂貴

維洪武三十年歲次丁丑五月某日遣某官以牲醴之奠諭祭于右護衛中所百戶樂貴之靈曰從征有年頗立功業拔

於行伍授之以職宜輸報効之忠冀膺捍衛之任何臥疾而不起竟捐世以長歸然力殫於前澤流於後可謂令終無愧矣今特遣官以牲醴祭之爾其有知服斯諭祭

祭千户張名

維洪武三十年歲次丁丑五月壬子朔初五日丙辰遣某官以牲醴之奠諭祭于成都右護衛右所致仕副千户張名之靈曰昔從戎伍始自滁州盖因歸附宿衛之忠爰有威武豹韜之命扈從入蜀退老於家正宜優游暮景以享昇平之福豈期遽膺厥疾永歸泉壤之下然閱論其功子繼其職可無憾矣爾其有知服斯諭祭

祭副千戶梁琨

維洪武三十年歲次丁丑五月壬子朔二十日辛未遣奉祠副張安伯以牲醴之奠諭祭于中護衛中所副千戶梁琨之靈曰食國之祿而恩榮未有所報繼父之職而勳業未有所立正宜備殫勤勞勉效忠力突犯矢石之間冀膺扞衛之任豈期一疾弗瘳遽然長逝報恩立業深有歉焉今以牲醴祭之爾其有知服斯諭祭

祭指揮同知李遵

維洪武三十年歲次丁丑二月戊寅朔某日遣儀衛副唐亨奉祠副張安伯以牲醴之奠諭祭于右護衛指揮同知致仕

李遵之靈曰繄我建國于今九年勤勞從事惟爾獨賢威鳳之山龜城之北逝者安靈此惟與宅翼翼享堂乃經乃營陰陰宰木以生以成靡間寒暑靡其心力我惟爾嘉冀爾休息惟爾有子質朴不華繼爾之爵承爾之家岷峨蒼蒼作我藩屏庶幾壽福從容暮景夫何一疾長往不還今茲歸窆之慨其永歎遣官往奠風悲雲翳爾其有知享茲諭祭

祭千户胡璞

維洪武三十四年歲次辛巳七月戊子朔初九日丙申遣引禮舍人陳琳以牲醴之奠諭祭于成都左護衛後所副千户胡璞之靈曰惟爾仗劍從戎多歷年所功勤屢著乃授斯職

茲復安義命以効忠冒鋒鏑而赴死報　國之心有加爲臣之道無愧今特遣官祭以牲醴爾其有知服斯諭祭

祭左護衛指揮僉事劉淵

維洪武二十九年歲次丙子七月某日遣引禮舍人王儀以牲醴之奠諭祭于成都左護衛指揮僉事劉淵之靈曰爾之爲人營繕是長見知達官薦爾才良比來督工　上命是將經之營之歲月不遑我宮我宇金碧焜煌爾之聲名從是揄揚爾之祿秩特被寵光在於悃情已滿所望祭於爾心欲登廟堂夫何染疾艱苦備嘗藥石罔效卒底于亡嗚呼念爾淵之勞焉能不爲之感傷故遣官而往奠冀爾靈之來享

祭都指揮僉事尹林

維洪武三十年歲在丁丑十二月己卯朔二十九日丁未遣典寶正和景曾以牲醴之奠諭祭于四川都司都指揮僉事尹林之靈曰惟爾少隸戎籍歷長于兵野戰攻城良亦勤矣迨夫萬方寧謐宇内昇平而爾亦得以引年賜告其子代秩優游居第樂亦有年適者復奉綸音總戎藩鎮忽嬰微疾奄與世辭閔勞念舊實惻予衷爾其有知享兹諭祭

祭審理正翟克銘

維洪武二十七年歲次甲戌八月戊辰朔十九日丙戌遣典寶正和景曾以牲醴之奠諭祭于前審理正翟克銘之靈曰

嗚呼克銘心兮坦夷曩駐中都之日實列職於府司當茲搢紳之士一時出於山西惟爾克銘與景曾尤善餔糟而啜醨數召飲于西堂皆盡醉而不辭以無心而事我迄今念爾之不欺嗚呼克銘胡壽弗眉視景曾之供職寧不爲爾之歔欷豈無他人而命吾景曾往奠者庶乎君臣朋友之間皆盡其道而無憾也噫靈兮有知服茲諭祭

祭左長史陳南賓

維洪武三十一年歲次戊寅四月丁丑朔二十四日庚子遣右長史明善以牲醴之奠祭于奉議大夫左長史致仕陳南賓之靈曰惟卿德業衆所尊仰[illegible]其誠心無南北黨吟哦六

經討論屖史官雖貴顯無異寒士佐理劇郡贊治親藩民懷其惠吏服其寬君臣同遊始終無變啓沃良多福禄流衍天維顯相俾爾壽祺今兹去我繼者爲誰兹命輔臣賜祭於宅靈兮有知來歆來格

祭都指揮使潘永

維洪武三十年歲次丁丑十二月某日遣成都左護衛百戶胡仲質諭祭于四川行都司都指揮使潘永之靈曰爾從戎伍奮身爲國戰勝攻取與有勤勞由是勳臣宿將咸羙其勇及夫近歲三遷又稱其榮今之建昌號爲難治爾之蒞政綏撫有方能使士卒無驚擾之患致予寬西顧之憂方仗汝之

老成何嬰疾而遽逝訃音來聞深加哀悼玆特遣官祭以牲醴爾其享之

祭左長史陳南賓

維洪武三十一年歲次戊寅五月丁未朔初三日己酉遣某官以牲醴之奠祭于奉議大夫左長史致仕陳南賓之靈曰昔在成均諄諄諄諄其仁諸生濟濟見之者親曳居王府十載于玆寬裕敦篤人不忍欺賦擬屈原詩宗子美縉紳所望一夔而已儀刑在目精爽何之九原可復吾誰與歸牲醴之奠靈其來享

祭指揮僉事張志

維永樂元年歲次癸未十一月某日遣典儀正劉嗣儼諭祭于左護衛指揮僉事張志之靈曰爾以父勳襲職甫越三年重厚之資爾獨爲最方將任諸爪牙以衛邦國夫何暫嬰微疾隕于一朝哀音既聞中心憫悼是用遣官以牲醴往奠爾其有知來服斯祭

祭指揮同知鄭義

維永樂元年某月日遣某官諭祭于成都中護衛致仕指揮同知鄭義之靈曰惟爾伯仲軀幹魁梧亦有姊氏凜然丈夫情鍾手足薄俗可敦賢如李勣名重將門父子相承家無變寵人情所難可謂大勇撫士之懷安邊之計輿論咸推宜居

閫制雍容環衛耻於自媒竟未大試弗究其才星隕中營訃
音來上奠以寓詞爾其來享

祭指揮使安配

維永樂元年歲次癸未閏十一月甲辰朔初十日癸丑遣成
都左護衛百户王貴以牲醴之奠諭祭于建昌衛致仕指揮
使安配之靈曰爾生自邊陲羣酋推長輸忠嚮化兄弟同心
曩者月魯不臣賈寇繼叛爾能助成　天討殲殄無遺厥功
茂矣近者爾弟云亡予心甚悼夫何未久爾復棄捐哀訃遂
來益增悽怛今特遣使錫兹奠禮爾其來享以副予懷

祭指揮同知鄭義

維永樂元年歲次癸未閏十一月某日遣某官諭祭于成都中護衛致仕指揮同知鄭義之靈曰惟爾負堂堂九尺之軀有赳赳干城之勇纘承父職茂立武功翊衛邦家勤勞夙著予每嘉焉中年嬰疾有弟承之俾爾優游養痾以安晚節胡爲一旦而遽止於斯耶喪車戒行言歸窀穸是用遣人奠以牲醴爾其有知來歆斯祭

祭指揮僉事吳經

維永樂元年歲次癸未閏十一月某日遣某官以牲醴之奠諭祭于成都中衛故指揮僉事吳經之靈曰曩者爾父以千夫之特屢立戰功以貽厥後至其晚年清修寡慾卓爾不羣

而彷彿尉遲敬德之賢其志良可尚也仙遊之後繼嗣者爾謂宜績承令緒以邁前烈以享厚禄夫何年未半百而遽止於斯耶嗚呼惜哉所幸爾母之賢善撫爾子不墜前人之志以襲厥職爾弟之良清慎好學克盡嚴敦之訓欲成其美斯非積善餘慶有以及于後歟若然則爾之死猶不死矣旅櫬旋歸兹辰安厝今特遣人錫以奠醴爾其有知來歆斯祭

祭鹽運副使李楫

維永樂元年歲次癸未閏十一月甲辰朔十五日戊午遣典寶正張璧以牲醴之奠諭祭于兩淮都轉運鹽使司副使致仕李楫之靈曰爾歷仕元季已登顯庸逮于我　朝尤重膺

歛是以列春官而贊黼黻使絶域而廣咨詢貳劇郡而民懷寬惠着皆爾之存心忠厚有以致之而然也由是晚年致政復領漕司之　命賜歸田里其於知止知足豈非人之所希有者歟矧夫年踰耄耋爲國黃耉爲鄉善士乃能優游佚老壽終于家可謂生榮死哀無所憾矣兹特遣官錫以奠禮爾其有知來歆斯祭

祭昭覺寺住持純濟

維永樂二年歲次甲申五月辛丑朔十三日癸丑遣致仕奉祠副張安伯以素羞之奠諭祭于昭覺禪寺前住持純濟之靈曰西來至教孰悟上乘惟爾特達叢林之英昔與曇鍠中

都來見濟濟緇徒我歆我羨爾不遠夫萬里復來游于錦江能闡揚夫宗教爰振起夫法幢爾友數人法門可倚翕習駢頭於斯矣止俄壞新之俱逝爾獨出世以圭徒指神京而遄邁屢涉歷夫崎嶇茲遡流而重來謂弗忘夫疇昔何夜壑之孤舟奄倏然而藏迹嗚呼一致死生洞觀法界鍛鍊無人孰啓鑪鞴致瓣香於一奠寫予情之永慨

祭指揮僉事莊安

維永樂二年歲次甲申某月日遣奉祠副栢紘諭祭于成都右護衛指揮僉事莊安之靈曰爾以練達之資早自樹立侍衛殿嚴于茲有年小心謹慎無愆厥職水陸舟車宜知所戒

胡爲此行竟死於溺豈人事之未盡而致然耶抑壽命之有數而致然耶訃音來聞予懷驚惕是用遣官奠以牲醴爾其有知服斯諭祭

祭指揮僉事盧忠

維永樂二年歲次甲申十月己巳朔十八日丙戌遣奉祠副栢純諭祭于成都右護衛指揮僉事盧忠之靈曰爾以前人之勲早居環衛方膺顯擢期効忠勤夫何天嗇其年倏然長逝嗚呼惜哉旅櫬來歸奠以牲醴爾其有知服斯諭祭

祭宣慰司同知羅維欽

維永樂二年歲次甲申十二月某日遣儒士廖琛祭于播州

宣慰使司同知羅欽之靈曰昔爾播南淪於僞叟　天朝隆
盛地入職方爾以閥閱之家世官于此乃能賛襄州長慰撫
黔黎使衣冠之俗儷美中華實可嘉也方期益虔厥職保此
榮名夫何一疾弗瘳遽然長逝訃音忽至悼念殊深茲特遣
人奠以牲醴爾其有知來服斯祭

祭奉祠副張安伯

維永樂三年歲次乙酉三月丙申朔越三日戊戌遣典寶正
張璧祭于致仕奉祠副張安伯之靈曰惟爾夙抱麟經聞于
州里我朝簡拔多士即與顯庸故得暫居綱紀之司復領皇
華之任厥後妙選儒紳移官藩府虔恭奉職垂二十秋晚節

轉擢奉祠遂爾安佚尤能夙夜毖祀惟寅惟清神人之間可謂兩無愧矣引年致政茲又六易寒暑深期國有黃耇可式將來夫何厭視塵寰竟成永訣訃音倏至傷悼不已嗚呼功成身退懿德可尊音容雖遠名則長存茲特遣官奠以牲醴爾其有知來歆斯祭

祭顯密沙門

維永樂三年歲次乙酉七月甲午朔十日癸卯遣門副張興以清酌庶羞之奠祭于顯密沙門溫卜之靈曰惟爾有相之相道貌充然無相之相太虛廓然乃祖乃父世為名宦自汴來茲屢遭兵難爾有知識教傳秘密幽冥佛子利爾施食衆

貴之家皈依者衆所受天福所享妙供一死一生人固有之倏然示寂神魂何歸聞爾長往慨然太息特設伊蒲服之無斁爾其有知來歆斯祭

祭教授顧禄

維永樂三年歲次乙酉十二月癸亥朔十九日辛巳遣紀善蕖生以牲醴之奠祭于教授顧禄之靈曰惟爾早以大學儒生分教河洛秀辭麗句取重搢紳由是佐邑遠安入典常簿曰中曰外敭歷有聲既而以疾告歸本期終養　命復起訓迪淞湖晩節辟爾經帷以資講授欣然領薦奉母西來吟咏吐胸中之奇揮洒縱八法之妙觀爾之志自謂可以齊元

白而有永斯也夫何一疾遽與世違訃音俄聞不勝嗟悼嗚
呼親老子弱實可感傷然而千首存經進之詩後世庶有傳
焉亦足以慰爾之心矣茲特遣人奠以牲醴爾其有知來服
斯祭

祭所鎮撫木從正

維永樂四年歲次丙戌四月辛酉朔越十日庚午遣典儀副
王儀諭祭于成都左護衛中前所鎮撫木從正之靈曰爾以
前代武臣早充侍從逮事我朝小心謹厚以勤厥職俾膺任
用尤能譯華夷之語以通上下之情使遠人嚮化而來者惟
爾之力居多方茲享于暮齡孰謂殞于一疾予甚悼焉茲特

遣官以牲醴往奠爾其有知來服斯祭

祭指揮僉事吳正母丘氏

維永樂四年歲次丙戌六月己未朔二十六日甲申遣門副張興內使何廣以牲醴之奠祭于成都中衛指揮僉事吳正祖母淑人丘氏之靈曰惟爾婦道克遵閨門有禮相夫顯庸生子材藝方享孫枝之奉以娛晚節之康孰謂一疾弗瘳而溘先於朝露耶訃音來上予甚悼焉今特遣人奠以牲醴爾其有知來服斯祭

祭指揮使何環弟何理

維永樂四年歲次丙戌閏七月戊午朔二十一日戊寅遣奉

祠副栢絁諭祭于成都右護衛指揮使何環弟何理之靈曰
曩者爾父以英鋭之資遭遇　高皇養之如子乃能爾將
天命宣力四方茂建厥功垂于後裔爾兄繩武克效勤勞敵
愾殞身尤堪嗟悼念勲庸之積習宜嗣續以蕃昌夫何天嗇
其祚災患荐臻爾母既亡爾亦尋喪豈世禄之家耀于前者
弗能以振于後歟抑爾之綿薄賦受于躬者弗得承餘休以
享太平之福歟訃音來上予甚憫焉兹特遣人奠以牲醴爾
其有知來服斯祭

獻園睿製集卷之十

獻園睿製集卷之十一

祭馬湖府知府安本

維永樂四年歲次丙戌十二月丙戌朔十六日辛丑遣副使章溥慶以牲醴之奠祭于馬湖府知府安本之靈曰爾以牂牁閥閱世長其民歸我職方仍膺郡紱而能因俗爲治撫寧兹土漸濡于禮義可謂賢矣方期永享太平之樂遽爾殞逝追惟往昔豈勝痛悼今特遣使奠以牲醴爾其有知來服斯祭

祭左長史明善父明景芳

維永樂五年歲次丁亥某月日遣引禮舍人陳彬祭于左長

史明善父明景芳之靈曰爾以中原美士賦性醇眞往年來見待以古人樂桑榆之暮景爲盛世之耆民年逾八袠考終正命可謂福壽咸臻者矣爾之有子爲我良臣啣哀奔訃其情曷伸茲特遣使奠以牲醴爾其有知來服斯祭

祭黑水寺住持靖圓

維永樂五年歲次丁亥五月甲寅朔二十九日壬午遣奉祠副栢純以香茗素羞之奠祭于峨眉山黑水華藏禪寺前住持靖圓之靈曰惟爾扶桑望族公室聯姻氣稟清明質直無僞乃入空門師於夢窻學業勤劬爲衆推服既而分座南禪航海入覲 先皇臨御特加恩寵給以驛傳至於峨眉予嘉

爾賢延居黑水未幾寓淨因之精舍數往復以諮詢知爾深造夫閫域實拔萃於等倫而乃不忘乎桑梓欲乘槎而問津旣溘先夫徒侶竟翛然而返貞豈覔奘復依於故國而再轉東海之法輪也嗟爾其有知來服斯祭

祭長史陳南賔妻徐氏

維永樂五年歲次丁亥十月辛巳朔二十五日己巳遣奉祠正常謙以牲醴之奠諭祭于故左長史致仕陳南賔妻宜人徐氏之靈曰曩者南賔以醇儒與學來佐吾藩爾能淑慎勤儉相其内事予甚嘉焉良人旣亡爾亦享玆耆壽今其逝矣予尤爾傷玆特遣人賫以牲醴爾其有知來服斯祭

祭指揮使孫觀

維永樂五年歲次丁亥十二月庚辰朔二十三日壬寅遣引禮舍人王彬以牲醴之奠祭于成都前衛指揮使孫觀之靈曰爾以英妙之年警敏之資際會風雲成此偉績逮夫捧檄西來方膺委任胡爲一疾遽爾長徃可勝悼哉兹特遣人奠以牲醴爾其有知來服斯祭

祭百户王貞

維永樂六年歲次戊子二月庚辰朔十一日辛卯遣引禮舍人黄祐以牲醴之奠諭祭于成都左護衛百户王貞之靈曰爾以年少擢居環衛屢膺任使涉歷風波胡爲兹行竟遭沉

溺壽齡弗永予甚悼焉茲特遣人奠以牲醴爾其有知來服
斯祭

祭指揮同知蔡英

維永樂六年歲次戊子二月庚辰朔十五日乙未遣引禮舍
人黃祐以牲醴之奠祭于成都後衛指揮同知蔡英之靈曰
爾以舊勳早襲爵位期爾歷練光于前人云何遘疾遽夭其
年訃音來聞豈勝悲悼茲特遣人奠以牲醴爾其有知來服
斯祭

祭指揮使劉俊

維永樂六年歲次戊子四月己卯朔二十日戊戌遣承奉正

石五以香茗素羞之奠祭于金吾後衛指揮使劉俊之靈曰爾以勳舊之英列官宿衛方期宣力效忠以光前烈云胡壯歲遽爾棄遺姻親之故嗟悼不已爰就梵宮資爾冥福茲特遣使奠以素羞爾其有知來歆斯祭

維年月日遣門副張興以牲醴之奠祭于金吾後衛指揮使劉俊之靈曰爾以世勳享有禄位典司禁旅爲國虎臣方期爾以遠大而遽止於斯耶姻戚之情豈勝痛悼茲特遣使奠以牲醴爾其有知來歆斯祭

祭指揮僉事吳忠妻黃氏

維永樂六年歲次戊子某月日遣門副張興以牲醴之奠祭

于府軍右衛指揮僉事吳忠妻恭人黄氏之靈曰貞順之德柔嘉之訓著於閨門稱于族姻克相君子享有禄位胡爲遘疾奄忽云亡婚姻之故豈勝嗟悼兹特遣官奠以牲醴爾其有知來歆斯祭

祭都指揮僉事孔斌

維永樂六年歲次戊子五月己酉朔十二日庚申遣奉祠副栢純祭于四川都指揮使司都指揮僉事孔斌之靈曰爾以先聖之裔文武具宜際會風雲顯有名位出師南海已擒魁首凶徒相煽失此良將山川悠遠魂其歸來兹特遣使奠以牲醴爾其有知來服斯祭

祭指揮僉事楊景

維永樂六年歲次戊子六月戊寅朔二十日丁酉遣鎮撫李觀以牲醴之奠祭于利州衛指揮僉事楊景之靈曰爾以練達之材撫新創之衛城池完固綽有能聲近以安南不庭遠從征討奇功屢立顯寵將加奈何蠻夷反覆爲國捐軀甫及班師矣此良將忠魂來歸令我傷悼兹特遣使奠以牲醴爾其有知來服斯祭

祭指揮僉事楊毓

維永樂六年歲次戊子七月丁未朔初六日壬子遣典簿丁仲常以牲醴之奠祭于成都前衛指揮僉事楊毓之靈曰爾

以英年早膺顯職方將期以遠大有光前人夫何一疾遽爾長逝訃音來聞予甚悼焉兹特遣人奠以牲醴爾其有知來服斯祭

祭百户賀某

維年月日遣典簿丁仲常以牲醴之奠祭于成都中護衛百户賀某之靈曰爾以勇力拔於行伍授之以官從征安南克效勞勩方當凱還宜受顯寵何期一疾遽爾長逝然服勞於前流芳於後可謂令終無愧矣兹特遣人奠以牲醴爾其有知來服斯祭

祭徵士魏文淵

維永樂六年歲次戊子八月朞日遣大使王繕以牲醴之奠祭于徵士魏文淵之靈曰惟爾早負奇才韜光林谷中膺郡檄典教頖庠曾幾何時復以末疾辭歸藜杖幅巾年踰中壽近以宿儒淪没聞爾老成是以有司具禮幣不遠千里起爾以典文衡晚節遇兹亦可謂榮矣夫何觸犯寒暑竟没于途豈窮達有數而士之際遇有定分也耶兹特遣使奠以牲醴爾其有知來服斯祭

祭指揮僉事周敬

維永樂六年歲次戊子九月丙午朔初六日辛亥遣鎮撫李貫以牲醴之奠祭于松潘等處軍民指揮使司指揮僉事周

敬之靈曰往者爾父精於韜畧兼通經術方期膺大任遽爾殞没時論惜之爾既襲職沉鷙壯勇有父風烈師征安南擇梟雄之材以領前鋒爾能身先士卒不避險艱鋒鏑之下失此良將渠魁就縛六師凱還爾弗及見豈非命耶且聞爾於軍中割所愛以正人倫執謙退而不矜伐此皆秉禮知義雖古名將不是過也訃音來聞予心哀悼兹特遣使賁以牲醴爾其有知來服斯祭

祭百户童成

維永樂六年歲次戊子九月丙午朔十三日戊午遣某官以牲醴之奠祭于成都左護衛百户童成之靈曰爾以壯年襲

迺父職師征安南選貔虎之士以當先惟爾勇冠三軍揮戈挺出奇功不就殞于鋒鏑然以將門之子既忠且孝夫何悼傷茲特遣使奠以牲醴爾其有知來服斯祭

祭所鎮撫丁剛

維永樂六年歲次戊子九月丙午朔十六日辛酉遣某官以牲醴之奠祭于成都左護衛所鎮撫丁剛之靈曰爾以材勇拔於行伍授之以官從征安南克效勞勩方當凱旋宜受顯寵何期抱疾死于道途然功上幙府慶流子孫可謂令終無愧矣茲特遣使奠以牲醴爾其有知來服斯祭

祭右叅政旁吉

維永樂八年歲次庚寅四月丁酉朔三十日丙寅遣引禮舍人楊諒祭于四川等處承宣布政使司右參政房吉之靈曰爾以成均諸生遭時奮身不數年間遂參方岳之政可謂榮顯矣 王事驅馳終于公館保全令名夫復何憾茲特遣人奠以牲醴爾其有知來服斯祭

祭按察司僉事顏憲

維永樂八年歲次庚寅五月丁卯朔初九日乙亥遣引禮舍人楊諒祭于四川等處提刑按察司僉事顏憲之靈曰曩者佐邑臨安讞獄棘寺持心近厚人頗稱之及乎來隸憲節盡瘁爾躬按部所至不爲矯激識者以爲得體至於風流篤厚

尤爲善類之所觀感者豈不有裨於政化云胡造物嗇〻爾之年竟終于此嗚呼惜哉茲特遣人奠以牲醴爾其有知來服斯祭

祭昭覺寺住持佛果成翁

維永樂八年歲次庚寅七月丙寅朔初九日甲戌遣成都左護衛正千戶吳憲以香茗素羞之奠祭于昭覺報恩光孝禪寺前住持佛果成翁之靈曰予觀前代名僧碩儒以爲功高易進念佛爲先是以默識于心亦有年矣比聞翁之精修白業名播遐邇迺走使者起翁於南陽之廬遂偕使者入蜀顧以念佛三昧化導有衆欲令了惟心之淨土見自性之彌陀

雖晋之慧遠唐之善導策勲於前無過是矣何期歸老山居倏焉示寂神栖淨域夫復何疑兹特遣使致奠山中靈光不昧尚其歆格

祭長史劉嗣儼父劉誠

維永樂八年歲次庚寅八月乙未朔二十日甲寅遣成都左護衛百户蔣敬以牲醴之奠祭于長史劉嗣儼父劉誠之靈曰惟爾老成棲遲丘園以有能子侍予親藩廷球不琢中乃粹温二十餘年王事日敦禄以養親期爾尚存胡爲一疾遽歸九原兹特遣使造爾里門奠以牲醴慰爾之魂爾其有知來服斯祭

祭黃駙馬

維年月日　惟靈桓桓威武夙秉忠貞聯姻　帝室輔我
皇明偉哉中都職居留守統鎮三軍民安物阜方期壽祿克
享寵恩夫何一疾大故斯臻開府宗藩甫茲駐蹕興念懿親
寧不懷惻有牲在俎有酒在罇永訣千載鑒此哀文尚饗

祭外甥淮兒

惟喪可哀况親戚乎惟親戚之喪可哀况父子相繼而亡者
乎曩者汝失所怙吉禫甫臨期在紹宗永世厥祿乃今一疾
遽至大故將何以慰毋氏之懷也可勝痛哉可勝痛哉一觴
往奠汝其鑒享

祭兵部尚書致仕單安仁

維年月日　惟卿早從刀筆秉心至公遭元季世崛起從戎
捍禦鄉邦用懷鎮靖聲瞻靡依灼知　天命爰率義旅歸于
我　朝剗是故舊宣力勤勞功成名遂退處田里五福具臻
隆隆壽祉夏官司馬超擢峻班惟　帝念功錦誥誕頒夫何
弗祿考終有淑歸窆故山既涓吉卜曰余奉　旨暫駐中京
一觴往奠鑒此孚誠尚饗

祭無爲眞人張宇初

維永樂八年歲次庚寅九月乙丑朔十八日壬午遣道士鍾
英以牲醴之奠祭于正一嗣教道合無爲闡祖光範眞人張

守初之靈曰爾以世胤克繩祖武法究三天道隆千古予昔在京屢接爾容自予之蜀尤慕爾風文章之懿材質之美渾然天成孰與倫比方期遐壽以翊　皇猷云胡一疾遽爾仙遊爾祖陟降在帝左右鶴駕雲軿伊從其後茲遣羽衣詣爾玄壇醑以霞觴喻以衷丹靈其享之

祭千戶宋春

維永樂十二年歲次甲午正月丙子朔二十七日壬寅遣内使李寧以牲醴之奠祭于寧番衛致仕千戶宋春之靈曰人生一世備全五福者實難惟爾當國家草昧之初奮力行間以成功名及乎太平殫力未衰以職授子退休于家優游自

樂年過八十考終正寢可謂全福矣訃音來聞豈勝哀悼茲
特遣使賷以牲醴爾其有知來服斯祭

祭三學寺住持清愚

維永樂十二年歲次甲午十月辛未朔初四日甲戌遣奉祠
正葉生以香茗素羞之奠祭于三學山道場禪寺住持清愚
之靈曰惟爾生緣託於日本幼入空門性行純謹尋師訪道
遍歷中華契無師智六度行加聿來西蜀餘三十載坐鎮道
場化中行外世緣既畢翛然長去四大本空兀爾如蛻寂滅
現前眞常流注靈知不昧六通自在肴羞既備湯茗亦陳遣
使往奠以慰思存爾其歆饗之

祭聖壽寺住持善英

維年月日遣典儀正陳彬以清酌素羞之奠祭于聖壽教寺前住持善英之靈曰爾以簪纓之裔脫屣氛埃避亂渡江遂入叢林得侍天淵於龍窟飽參名德於江湖於是秘密閫奧醫道精微靡不兼通而並蓄既典藏於鍾阜乃首衆於龍河晚遊三川兩主名剎退休以來逍遥自適云胡幻身一旦示寂虹光西逝真聖同歸我思儀形茲焉永訣遣使往奠爾其享之

祭茂巖和尚

維年月日遣門副翁敬千户張成以香茗素羞之奠祭于茂

巖和尚之靈曰惟靈蚤入空門染衣學道天資淳厚秉德靜專寓目妙乘不參世論遊心聖境頓息妄緣得法華之三昧悟靈岳之秘詮一節南北來我西土古寺閑房爐香一炷琅琅諷誦無遠弗聞嚴霜深夜玉齒生寒鬼神受益賢愚向化去惡從善翊我王度宜享天人之供養迺作四衆之歸依知生滅之有在順世相之無常故於臨終去來自在沐浴更衣斂龕宴坐凝然示寂玉筋雙垂夫以師之德行如古之念法華輩亦不多讓予是以愛之重之特遣使薦以伊蒲之供惟靈其享之

維年月日遣典寶副金安祭于茂巖和尚之靈曰惟爾立身

制行度越時流居塵無染處世如幻真實無妄至美不華專業一經念無紛雜飽飫醍醐純圓獨妙法流湛寂應化無窮眉壽百年四事具足頓悟法空恬然順世得諸三昧去就明白如師行業世所希有捨報趣生於斯可見雲幢載馭香名重陳以慰西歸靈其享之

祭良醫阮毅母王氏

維洪武三十四年歲次辛巳十一月乙酉朔十七日辛丑遣內使賈進以牲醴之奠祭于外甥女王氏之靈曰人居親戚之間生則以義而相接沒則以情而感傷感之深者義必重念之至者痛必深汝母為吾族之姊既逝之久矣汝之良人

挈家西來幸獲我依以慰其困窮豈期一疾不起而遂成永决聞訃悽惻爲何如哉嗚呼念汝之惓惓者非私於汝也蓋亦有以思汝之親也言之至此豈勝哀悼今特遣使祭以牲醴汝其有知尚歆斯祭

千秋奠素

欽駐 中都日逢初度仰思 祖德素奠恭陳

祭楊宣慰母田氏

維永樂十三年歲次乙未某月日遣秀才楊崇節祭于播州宣慰使楊昇母太淑人田氏之靈曰楊氏自唐季以來保有播南一姓守土五百餘年矣世篤忠貞兼資文武遂爲衣冠

名族爾夫鏗歸附國朝授以令職事　上盡忠勤之節撫民有惠愛之風四方遊士及行李之往還于爾境內者交譽其美繄爾有內助之德焉既爾子昇善繼先人之志亦惟爾有義方之訓焉予甚嘉之方期享太平之樂受列邑之養倏聞訃音豈勝哀悼茲特遣使奠以牲醴爾其有知來服斯祭

祭致仕指揮了用

維永樂十三年歲次乙未十月乙丑朔初四日戊辰遣門副張興以清酌素羞之奠祭于致仕指揮了用和尚之靈曰爾以雄勇之姿傾然玉立選於萬衆侍衛殿巖固以壯朝儀而威遠人矣累立戰功列於羣帥恪恭朝夕質直無僞可謂負

魁傑之材而勝爪牙之任也逮夫暮年清修寡慾謝絶世氛緇服家居安享高壽雖子房之智敬德之勇其晚節末路殆與之侔宜爾子孫襲其餘慶忠孝榮顯爲吾世臣方期優游錦里共樂昇平胡爲一旦奄然示寂達人大觀夫復何憾茲特遣使賫以素羞爾其有知來服斯祭

維永樂十三年歲次乙未十月乙丑朔十九日癸未遣典寶正王英以清酌素羞之奠祭于致仕指揮了用和尚之靈曰自爾之亡予心惻怛緬想容儀猶如平昔及茲發引感念益深茲特遣使賫以素羞爾其有知來服斯祭

祭指揮僉事歐成

維永樂十四年歲次丙申四月癸亥十三日乙亥遣奉祠正葉生祭于成都中護衛指揮僉事致仕歐成之靈曰爾生當草昧際會風雲征伐四方克著勲績授之爵秩侍衛吾藩有子承家禄位彌顯優游私第共享昇平方期子歸慰爾所望胡爲一疾奄忽長逝老成凋謝感念實深然爾壽登八袠五福具全夫復何憾兹特遣使奠以牲醴爾其有知來服斯祭尚饗

維年月日遣奉祠正葉生祭于成都中護衛指揮僉事致仕歐成之靈曰自爾云亡倏經旬日朴直之言絶誠之德周旋左右夢想見之㤀乎發引感愴實深兹特遣使奠以牲醴爾

其有知來服斯祭

祭教授黎讓母姚氏

維永樂十四年歲次丙申十二月戊午朔十八日乙亥遣典儀副王儀以牲醴之奠祭于教授黎讓母姚氏之靈曰惟爾克生賢子爲名進士享有祿養以終天年可謂福壽具全如爾者鮮矣玆特遣官奠以牲醴爾其有知來服斯祭

祭栖賢寺住持殊仙

維永樂十七年歲次己亥正月丙午朔十三日戊午遣典寶副楊旺以香茗素羞之奠祭于栖賢山道場禪寺住持殊仙之靈曰釋氏之教以空寂爲宗能悟其旨者今不多見惟爾

生緣東海夙究宗乘既遊中夏居蜀有年悟徹色空一塵不染以踰七望八之年精進修持終始如一實宗門之希有也正月既望適道録朱大方來遊山中而爾忽焉示寂一往一來而仙佛之旨似有以默契於無言之表也今特遣人賫以素羞靈其不昧來歆斯祭

祭圓通庵住持善鑑

維年月日遣成都左護衛千户吳憲以香茗素羞之奠祭于白龍池圓通庵住持善鑑之靈曰惟靈生緣東浙雅慕空玄清淨六根脫離塵俗尋師訪道徧歷中華先謁喜空後參諸老泊來西蜀道價彌增乃陟峨峯龍池卓錫賢愚向化生死

蒙福神物蜿蜒形于夢寐俛首受戒實彰靈蹟爰期資究上乘以開後覺夫何厭世乃爾如蛻去來無礙眞性常存嗚呼鶴唳猿啼識三生之同貫風清月白悟一物之本無忽聞訃音令我驚怛遣使往奠靈其享之

祭南陽高士李惟善二

維永樂十四年歲次丙申五月壬辰朔初四乙未遣奉祠正葉生以素羞之奠祭于南陽高士李惟善之靈曰惟爾早親高士精窮妙理靜觀元化究其終始天光發而虛室生白夜氣存而谷神不死移之以治身治國固已備矣延之便殿宴語從容其旨簡要其義博通期踵息於烟霞之表忽蟬蛻於

塵埃之中訃音倏聞實愴于衷其將從鍾呂之儔仙遊於五嶽抑將返南陽之故廬而棲於崆峒是不可知也茲特遣人奠以素羞爾其有知來服斯祭

維年月日遣奉祠副陳彬以素羞之奠祭于南陽高士李惟善之靈曰自爾委蛻藁葬載生念昔笑言形於夢寐發引屆期再陳素奠爾其有知來服斯祭

祭伴讀黃立我

維永樂十五年歲次丁酉某月日遣某官祭于伴讀黃立我之靈曰惟爾家庭之學寔有源委發軔教職樂育青衿往年入蜀振鐸梁山郡縣師儒推爾爲冠由是博採羣議請命于

朝擢爲講官孜孜不倦古稱三益惟爾無之舊歲之秋懇求東歸拜掃先塋予弗忍違何期茲行奄忽長逝訃音來聞豈勝悼念今特遣使諭爾所居奠以牲醴爾其有知來服斯祭

祭教授呂奎

維永樂十五年歲次丁酉十二月某日遣大使霍觀以牲醴之奠祭于教授呂奎之靈曰惟爾生于堯都長爲堯民誦堯之言行堯之行名卿大夫以是稱之晚遇親藩授經朱邸委蛇自得俯仰無愧夫何一疾遽爾長徂嗚呼生逢 堯舜之時卒能保其名節以歸可謂全人矣茲特遣人奠以牲醴爾其有知來服斯祭

祭指揮僉事高政 二

維永樂十六年歲次戊戌十二月丙子朔二十三日戊戌遣典服副開廣以牲醴之奠祭于成都中護衛指揮僉事高政之靈曰爾以才勇襲父世官爾母積善慶鍾于門致爾有子擢居錫館此天之於善人報施之不爽也方期享有富貴優游太平胡爲抱疾遽爾長往訃音來聞豈勝哀悼今特遣人奠以牲醴爾其有知來服斯祭

維永樂十七年歲次己亥正月丙午朔二十五日庚午遣門副馮泰以牲醴之奠祭于成都中護衛指揮僉事高政之靈曰逝者日遠柩不可留茲辰之吉歸于其丘感念今昔豈勝

悲歎茲特遣使奠以牲醴爾其有知來服斯祭

祭指揮僉事母某氏

維永樂二十年歲次壬寅八月乙酉朔初七日辛卯遣內使彭方以牲醴之奠祭于成都左護衛指揮僉事夏懋母淑人某氏之靈曰惟爾出自相門秉心無競選于世族來媵吾藩執事恭勤三十餘載念爾疇昔歸于夏氏善相夫子胥膺顯擢有子承家克敦詩禮方期榮養以樂雍熙胡為一疾遽然長往訃音來聞豈勝哀悼茲特遣人奠以牲醴爾其有知來歆斯祭

祭全真劉清溪

維年月日遣其官祭于全眞道人劉清溪之靈曰惟爾蚤脫塵網雅志㮣玄心惟口訣八十一篇含炁養精八十一年玉爐金鼎白汞紅鉛誰知此意至妙難言夜來酒醒奄歸洞天大丹已熟道合自然予心感愴遣使詣前牲醴之奠爾其享焉

祭紀善李子儀

維永樂二十年歲次壬寅十月乙酉朔初九日癸巳遣大使張宗原以牲醴庶羞之奠祭于紀善李子儀之靈曰惟爾蚤登仕版贊畫戎幕出宰百里三典名郡翺翔雲路荏苒歲華青冥垂翅僑寓黃梅以爾才名光彩莫閟擢居翊善晚除禜

亨敷繹詳明文詞敏贍期其爾壽康胡遽不禄兹特遣人奠以
牲醴爾其有知來服斯祭

祭致仕百户顧子義

維永樂九年歳在辛卯七月庚申朔二十一日庚辰遣引禮
舍人楊諒以牲醴之奠諭祭于成都中護衛左所致仕百户
顧子義之靈曰惟爾老於軍旅捍衛雄藩積累之功授以令
職期享升平之福何奪者爻之壽忽嬰微疾奄與世辭然功
名垂於竹帛爵賞施之子孫瞑目九泉尚何憾哉兹特遣官
祭以牲醴爾其有知服斯諭祭

獻園睿製集卷之十一

記

峨眉山現光記

古者聖賢立教垂訓求爲三界同遵萬古不易者莫越能仁氏歟其諸佛祖禪林教苑足以鎭重山川光輝都邑者亦惟能仁氏也昔人云世間好語佛說盡天下名山僧占多詎不信然今觀名山之在蜀者若太白若岷嶓若青城天彭諸山之所環繞其間非無琳宮梵刹分幽占勝而尤以峨眉稱者盖山以人而重也而况普賢大士示現于此而與山相爲無窮者乎故峨眉爲西南首善之梵區寔普賢一會之化境雖

其慈悲行願於一切衆生悉令安隱而於我五十四州之民又豈不憂其憂者乎予到國四月雨澤愆期恐失民望特遣紀善張安伯代予請禱安伯至山祥光貫乎雲漢銀色變乎山林既而慈雲蔭空甘雨如注於是予懷其慰民心其蘇一時見聞之士歡喜踴躍得未曾有安伯復命予謹記之以爲山中他日之故事宜傳諸無窮焉

大慈寺題名記

天下名山巨川大都小邑僧道之所棲止往往半於四民而大雄氏之教爲尤盛予初不知惟是諸惡莫作衆善奉行之戒不敢斯須去心既而請一二老宿輩相與講論始知所謂

天下無二道聖人無兩心又曰惟有一乘法無二亦無三聖人之道其揆一也且夫姦臣賊子其氣燄足以塗炭夫人其視綱常之道何有於己而聞釋子之說懺悔修省捨惡趨善昔賢以陰翊王度詎不信然稽諸載籍我西土雜居羌戎勇悍善鬬雖死不厭惟僧可化是我蜀人奉之為甚其間迭出高僧為世宗匠倡道西南流衍天下不可枚舉近自元季兵興海内鼎沸我蜀人不遑寧處而僧徒道侶弗入于軍旅必走于林谷況金碧熒煌皆為狐兎之穴數載之間將無所歸迨夫我朝混一崇教安僧始有復其舊觀予欽承　上命肇國西土暇日率諸羣臣遊歷寺廟弔古訪今寧不慨然有感

於心乎故特記從官之名于此

洪武二十三年龍集庚午三月朔日也

引

正孝處士引

予自志學以來聞有一言一行之善不啻若自己出而於忠孝友悌人之大節尤惓惓服膺而不忍釋焉天台萬氏郡之望族也世業儒至漢中教授希直以文行著于時予愛之重之嘗賜其號曰正學蓋以表其學之正也其兄希學天性純篤於父母祖父母之喪稽古典禮行之無違蔬食水飲居寢于中門之外者各三載哀毀不勝遂以成疾天不假年未五

十而終惜哉其弟希直聞訃以書來請題其墓予慨然歎曰喪禮之制行之者幾何人哉若萬伯氏者之行可謂能爲人子矣於是題其墓曰正孝處士蓋以紀其行而傷其志云昔程純公之歿也潞公文彥愽題其墓曰明道先生請之者其弟伊川先生也今夫伯氏之孝固也異於恒人而盡其性之所有至於發揮潛德播於時人之耳目者則有待於仲氏之請也然則仲氏又可謂能爲人弟矣嗚呼人倫之道古今大義伯氏之孝仲氏之悌誠可以敦薄俗而厲將來也其可敬也夫其可感也夫

跋

題翰林承旨宋濂觀化帖

昔劉器之學於司馬文正公嘗謂世間事有大於生死者乎而學佛者獨一味理會生死有箇見處則於貴賤禍福輕矣觀兩公之出處去就死生之際何其相似也哉今之翰林承旨宋公師事同郡黃文獻公獨有得於心法之奧者大要以儒脩身以釋治性其臨行明白若此則其平生操守晨夕踐履善惡業行不容私隱而前路昇沉抑可見矣後生晚進或詆公爲佞佛者吾見其不知量也可憐可笑之言豈不爲此輩發邪

跋宋太史楹銘

積丘山之善尚未爲君子貪絲毫之利便陷於小人

右金華宋太史景濂楹銘蓋其引年而歸田里時所作也昔衛武公年九十猶作抑詩以自警即此意歟其門人王紳爲予書此予取而讀之悚然若親見太史於前也惕然若親聞太史之言也所謂雖無老成人尚有典刑噫信乎古語云從善如登從惡如崩可不慎哉今觀紳文章孝友蓋有時望誠可謂青出於藍氷寒於水者矣然於此銘尤當書諸紳而帶忘則非惟無負於太史亦無負於己之所學也特識數語以歸於某且用以自勖

跋宋太史與門人手帖

周元公曰志伊尹之所志學顏淵之所學胡文定公曰立志以明道希文自期待吾於先哲之言每三復焉潛谿宋先生景濂曩官禁林四方以文來見者接踵於門晚得同郡某自謂斯文其有託矣及致政歸蘿山館之于家後先生以事將謫於蜀命下之日乃貽書某諭以明經樹德以濂洛諸賢自期視先生處患難憂戚如在函丈間死生禍福置之度外而拳拳以先哲所以爲教者望其徒嗚呼非平居學之有本養之有素而期某之深何以臻此哉先生歿有十一年某來官蜀中謁予出此以觀予重先生之風故識之

跋陳長史南賓送劉嗣儼詩

讀陳長史送劉嗣儼詩遣使之情忠告之益藹然見於詞翰間可見老氣吞雲夢文章董賈生所謂吾國之良相也於嗣儼誠足以壯其行色

跋陳長史祭文

胡端甫奉祠持祭文二篇以獻於予讀之其言簡而意盡非老於文學者不易作也況南賓科舉舊人宜乎筆力有如是耶

跋蒲菴詩集

讀蒲翁之詩如飲大海百川之味咸具真可以驅馳屈宋鞭撻揚馬視今之啽安一箇字撚斷數莖鬚之徒弗可同日而

語也諷詠之不置故識之

跋鄭沐與其婿書

金華鄭沐與其婿某書觀其辭旨以文學受知爲喜又以居教職而無成效爲憂如宋薛奎之於歐陽脩殆不過也嗚呼賢哉古有之今復見矣

跋張教授文藁

先民有言世不絕聖國不乏賢又曰無好人三字非有德者之言也予自淮入蜀所見者非一人然求古仁人之用心則異乎此也陳留張某予得之誦古人之書觀古人之行渙然冰釋怡然理順至是始得爲君子也予嘗謂侍臣曰某在貞

觀時則予來興之徒也然聖德論不作可也九經箴忠孝爲藩頌實訓堂詩不可不作也知者不以予爲失言

食箴跋

陳公南賓金玉君子人也嘗作食箴以示學者吾愛之重之蓋有警於綺紈粱肉之徒多矣今之學士大夫苟能持此近厚則人中麟鳳也斯箴其可忽諸

跋李叔荆諸論

予讀漢二帝曹參晉司馬孚諸論披閱數日不忍去手於是益知某之名不苟得也予素喜接四方賢士大夫自中都抵成都總總一二人其他名實不爽者未知多見焉若某者尤爲

縉紳之冠也矧擴充之則他日宜爲天下士安能齪齪困一氊哉

跋王教諭近作

覽王生之製作大率皆以忠厚仁慈爲心絶無好事紛更之態可謂有老成君子之風矣信乎才如賈誼而術不疏也予之荒鈍啓發良多撫卷再三深用嘉奬

送一宗師詩録似東軒故跋尾云

万生詆排二氏及諸子百家其言什伯於韓歐茲不暇録此詩是其一也誠明徃矣孰能砭焫此公我然生之心衛道之切不遑鄒其他今之縉紳中第一流也聖云才難保全固護

文免髮膚之傷寧不望于盛德君子之有位者乎

題王紳二序

紳失恃怙於襁褓從師友而未幾獨能嗣其先聲自樂於畎畒之中亦可謂孝子矣今觀二序足知其學之源委矣何不爲之賞音哉

和景曾供應曆䟦

太行和景曾曳裾廿載襟懐洞然雅好痛飲熟曉遇事孝多闕畧日居月諸疾以增劇邇來修禮正一龍虎玄壇趙眞君奉之甚謹自言愈我沉痾開我迷雲使我事功有稽頓然無復故態今觀此曆之有序故用紀焉

跋明威將軍湯君美墓誌銘

夫為善無不報不在其身必在其子孫此理之常也湯君美氏宋丞相岐公六世孫世居蘄春大同鄉之果田讀書謹行鄉稱善人年四十有七而終其子清以武功累官至貴州都指揮制贈君美明威將軍則為善之報信乎有徵觀於湯灣之墓誌可見矣嗚呼歐陽脩之父崇公葬于瀧岡之六十年始克表於其阡蓋有待也清於公之卒也殯于故丘之北歷三十年始克改葬于湯灣之原又十年始克銘于墓石其亦有所待耶夫人子之於父母非不欲汲汲於顯揚也而為善之報有遲有速是以不能無所待爾歐陽脩待之六十年而

其父賜爵崇國母鄭氏進號魏國清今待之四十年而君亡矣追贈明威將軍母宋氏追贈德人顯榮褒大異世而相符也豈非人子之所深願哉且清之爵位日隆名譽日著而其孫鏞忠厚淳朴又克肖其父則湯氏之福蓋未艾也其勳庸事業又豈無史氏大書特書不一書而光于簡冊哉

跋梁譓送典寶和景曾出使黔中詩

嗚呼詩豈易言也哉自三百篇變而爲離騷降而爲漢魏六朝歷唐尤盛下逮宋元作者爲多洪惟我 國家文明啓運學校聿興出而鳴治世之音者可期而待也臨邛梁譓者以郡邑生貟肄奉祠樂性頗聰敏問學勤篤嘗從長史陳先生

遊執弟子禮甚恭先生南賔以字行長沙人也年德俱邵誨人不倦所謂內而嚴父兄外而賢師友而能有成者必矣滇因典寶和景曾使黔南大夫士各餞以言讀讌之詩有曰勿謂道路遥夙夜宜諮諏又曰叙黔雖云僻雨露無不均之句予嘉其有成也故識之

跋馮彪著論

馮氏爲滎陽豪右世尚氣節至彪強毅正直尤爲鄉曲所畏服縉紳士之寓蜀者相與過從莫不歛衽雖鎮帥牧伯出一言之不合罔非被其詬詈以是彪之名益顯于蜀俾教諸將校子弟其或父兄之桀驁者猶戒子弟以善事之比及三年

卒底於成惜哉年乎邁矣著之於論也吁

跋張景山詩

張景山好學而篤行有士君子之風焉矧吾全蜀之邦人傑地靈古今無間有志者力以企之何患乎無子雲相如之才革出爲邦家之光也詩云高山仰止景行行止吾於景山有望焉

跋蕭寅詩

我聞蕭寅西江之偉人也觀其才藝絶倫詞翰兼美乃知爲名實之士矣且今未及炳燭之年尤當進進不已愼勿自畫也

跋右長史明德撰鎦揚優劣論

予出閤以來僚寀多中州之士承左袵之餘大雅之不作人人椎魯少文今春右侠至其氣質明粹志趣端方至於立言有序援筆成章雖中州之老於文學者皆以為不及也豈非生六合混一之時禀三光五嶽之英者乎然曾無君子斯焉取斯

跋具體而微四大字

吾聞今之教者使人不由其誠教人不盡其材夫然故隱其學而疾其師苦其難而不知其益雖終其業其去之必速又聞善學者師逸而功倍又從而庸之不善學者師勤而功半

又從而怨之良有以哉天台林良受學於同郡万希直蓋其學自宋太史景濂氏而上遡於黃文獻公之傳其有本者如是是以逾遠而愈有耀矣信乎擇師不可不慎也且夫以文章道學為己任蚤有時譽邑人子弟多從之遊安其學而親其師樂其友而信其道予識二人焉有若林氏有若鄭氏鄭得其清林得其介至於進退容止無一而不似之可謂善學於人者其有王紳稱為具體而微豈其然乎若夫稱先職不背本也操南音不忘舊也可謂君子儒矣噫學惡自畫德惡小成爾慎勿望洋向若而嘆而與今之不善學者同歸也其敬戒之哉

跋典寶正和景曾送劉嗣儼出使黔江詩

讀此篇詩異乎平昔之作料其直欲與南賓老人齊驅並駕於耳順從心之年噫非復前日吳下之阿蒙也士別三日即當刮目相待詎不信乎可見老來氣象與太行秋色爭光矣

賦

懷仙賦

予與全弌老仙奉別數月矣仰慕不已故作懷仙賦以寓其繾綣之情而深望其還歸之速云爾賦曰繄留侯之仙裔兮亦云異乎尋常被青雲以爲衣兮白霓以爲裳綰長纓之纚纚兮紉蘭蕙之衆芳首夫須以爲笠兮餐沆瀣之瓊漿撫無

絃之琴兮清音自合乎宮商貌軒軒而侃侃兮行踽踽而凉
凉生于朔土兮復得遇乎瓜王葆眞醇於靈臺兮全一氣於
混尾與太初而爲隣兮掃塵世之粃糠乃遊乎方之外兮要
周覽乎八荒南歷蒼梧兮東略扶桑駕長鯨於海波兮鼓蘭
棹於沅湘瞻函關之紫氣兮遂逍遙而至乎武當閱星霜之
屢更兮挺松栢之蒼蒼志愈久而愈厲兮名愈盖而愈彰聞
高風而起立兮渺予思之悠揚命青鸞而貽書兮或鑒予之
衷腸朝發軔於澧水兮暮弭節於岷山之陽不衒名以求知
兮保厥美而内蔵踰判年而有聞兮得泰山之毫芒聞鶴鳴
之洞天兮寔仙人之舊鄉維姑洗之應律兮忽告予以將行

秋以爲期兮吾還錦水以徜徉及時遣使以往候兮慨音信之杳茫每夢想而神交兮容儀儼乎在傍紀閏餘以成月兮時又屆乎肅霜爰攄情以陳詞兮矢予心之不忘騰雲駕鳳以來歸兮挾羣仙而翱翔告予以清靜之化兮俾臣民之樂康授予以道德之輿兮引年歲之壽昌又何羨乎漢之曹參兮舍蓋公於正堂也哉遂招之以辭曰鶴鳴之山兮雲氣上浮中有老仙兮以遨以遊隱我不見兮自春徂秋目杳杳兮心悠悠無德不報兮無言不酬歸來歸來兮以寫我憂山中雖樂兮其何可以久留

銘

瞌睡銘

和氏之子野服黃冠仰臨淄之宰我慕大華之陳摶客至隱几童爲叩棺喜清風於北牖樂高卧於東山恨蝶化難遊乎華胥之國幸鷄鳴得出乎夢覺之關昔爲南柯之逸士今聯西嶽之仙班

獻園睿製集卷之十二

獻園睿製集

十三之七

終

獻園睿製集卷之十三

四言古詩

賜万希直有序

我敬曾漢中教授万希直也希直辭歸漢中故作是詩以美之

岷山峨峨江流泱泱我彊我理俾民以康　靡賢匪依靡善匪得閔士孔多我敬耆碩　謙以自牧禮以自持雍容儒雅鸞鳳之儀　有學有識乃作乃述追之琢之金玉之質　侍我經筵不倦以勤非德不言非道不陳　職思其居義不可奪采采者芹俟教如渴　爰秣其馬爰振其衣拜手稽首載

辭而歸　我心悠悠念予良苦爰命詞臣飲餞江滸　昔之來也春日遲遲今之歸也涼風差差　王道如砥旣歌且詠八月初吉祗于南郡　沔彼江漢亦合而流瞻彼岷嶓鬱其相繆　心之知矣臨別繾綣予如我思道豈云遠歲行在子文闈秋開校藝至公遲子西來

五言古詩

中都留別

龍飛十八載有　命駐淮鄉同予四兄弟陛辭　聖父皇丁寧聽　天語玉簡俱深藏出涕不忍去戀　闕心彷徨　儲兄餞遠送百官拜道傍行宮列珍膳兹焉涉大江中途　外

祖祠大功封滁陽南望 天咫尺膝下那能忘下車謁 園陵 祖業懷感傷艱難曾蔦狀脩德惟 天相昔聞河間獻亦有東平蒼唐宋稱宗室上下相頡頏顧我才譾薄志存先哲王三年享豐厚善政殊未揚明發 神京去翻思愧賢良

耆山庵五十韻

乾坤孕清淑吳楚奠封域勝玆龍虎區寔惟神仙宅峨峨南山西耆山最奇特根蟠石土深氣接層霄濕宛若匡廬山五老爭傑出又如文人峯岱宗獨撐立崚嶒壽者相蒼茫太古色培塿皆兒孫羅列侍其側前後相掩映左右相拱挹塵湖與琵琶不得分奇絕細維天人師佩劒來自昔福地何清高

相距乃咫尺悠悠貴溪水今古流道脉嗣世四十三歷歲千
數百茲山得嘉名流傳自開闢作者非一人過眼畧不識天
地爲閟藏鬼神共呵叱勝事非偶然將必待有德眞人繼家
訓濬然慕幽寂結庵山之旁尚朴厭華飾壤平鹿攸伏松茂
鶴羣集方外信無拘靜中還自得焚香理絲桐研朱點周易
大道貴清虛遺經探玄賾洪爐夜燒丹虛室書生白乃知仙
境殊似與氛埃隔紫芝不待鋤瑤草聊共拾登高望丘壑臨
風岸巾幘有時坐長吟松陰屢移席高情寄圖畫溪藤灑秋
墨豈比靈運徒遊山蠟雙屐恭逢聖運興蒙恩嘗感激朝覲
每及期習習風生腋暮發彭蠡湖朝謁黃金闕造物須護持

皇心亦怡懌父老擁道周觀者聲嘖嘖其言神明裔允矣蓬萊客伊昔治亭西予生喜良覿娟娟氷雪容炯炯雙瞳碧談玄得佳趣飛泉瀉高壁頓遣塵慮除稍覺道氣入別來五六年東望長相憶欲作耆山遊恨無雙飛翼蜀中鶴鳴山乃祖常棲息曾逢紫炁臨授以長生訣東漢雖云遠黎氏想遺澤精靈儼如在感應猶昭格嗟惟賢子孫道在目可擊願言遠相訪因茲撫前跡會晤知有時雲邊候鳧舄

董安常學士有南中之行作此贈別

聞公抱幽德肥遯愛林泉貧賤無少累利名那得牽講道溯伊洛立身期聖賢取友皆豪俊因茲賴磨鐫送客不覺遠困

峯石上眠衣帶任脫落處之亦怡然宇量吞江海譽望重幽
燕一從鷄書薦春坊多歷年懿文稱樸茂　至尊嘉直言況
逢四方士留飲復與錢白首官禁掖兩宮殊見憐暫試蕭望
之河南佐藩宮今年夏五月往命化南滇遠人霑教兩會當
召公還此意予何知此理衆謂然　皇儲念舊學重覩邇經
筵

與陳長史南賓詩 有序

曹侯震大書忠信長者四字以遺陳南賓長史南賓惟
學専門其年上壽有德有學爲吾良輔以是而感於曹
侯者寧不有所自乎予特發揮其意形諸歌詠而勉夫

諸君子也
昔有陳太丘高風振炎劉德星占太史仁愛慕時流況又千載後積善良有由猗歟南賓老志學企前脩曾爲燕趙客亦有青徐遊六年居胄館橫經侍　宸旒文章佐藩國忠信重諸侯懿德何俱邵嗟哉孰與儔譪譪今多士師師懋有猷

送芒教授詩 二首

美人出南國卓彼廊廟姿新詩頻染翰古賦尤稱奇宋玉文章伯方干隱者師廣文雖少客鄭老同襟期

西蜀求名士南中得賢良愧予非子建知爾邁鄒陽歸路冒炎暑到家值新涼時時有星使佳句慰相望

讀基命録

武皇稱汲黯近古社稷臣卓乎天地間百世有餘芬宋公廊廟姿忘慮殊精純由來慕前烈願學在斯人雖處江湖遠擬欲踐臣鄰苟非堯舜道肯向黼扆陳嘗咲賈太傅前席對鬼神著述累萬言所言皆歸仁爲君觀此書四海屬經綸爲臣觀此書有術能致君聖賢友多聞我亦忝嘉賓持此以贈我讀之至夜分撫卷再三歎良可媲典墳

送解秀才歸廬陵二首

談咲有眞趣樸直無他腸草堂尚磐礴石室還徜徉顧瞻戀郡邑逝將歸故鄉兄弟尋前約中宵喜對床

廬陵甲天下古今名士多兩翁曾擢桂一子近登科四忠將有繼一節豈無過還家樂餘慶對酒日唫哦

荅解原震

青原有佳士家世孰與同科名踵相接蔚爲詩禮宗阿翁富文學錦綉蟠心胸四捧薦鶚書折桂登蟾宮之子守家訓三易能無通婦子不嘻嘻内外肅以恭兩爲百里宰桃李春光濃謝官歸田里賞菊東籬東今秋適大比應聘遊蜀中興賢有常制校藝秉至公諸生采芹藻萬里欣相逢願言化頑鑛悉使歸陶鎔會看參井墟載闡鄒魯風尊鱸勿動念師道宜尊崇

賜東華翁文實潛虛

廬陵有隱者自號東華翁讀書不窺園春秋曾專攻弱冠舉
進士作賦聲摩空南康除參録時務尤疏通爾來閲世故自
樂畎畝中適當大比年多士貢南宮翻然應幣聘校藝稱至
公天門朝洞開被褐拜　重瞳遴選輔藩國懇辭久衰遲優
詔賜冠帶榮歸保令終感恩弗自耀雅志尚謙冲嗚呼清時
有材那肯棄惜乎老矣東華翁

答洪善初

善初鄱陽來老矣矍鑠哉讀書慕前烈萬卷能兼該百里展
驥足蚤負經濟才洧川多惠政美譽徹天臺常咲潘安仁一夭

花手自我引年歸故里茅屋荒蒼苔矧今衰暮齡爲國育英才衆人雖誇淯川令那知三洪之餘慶

翠筠軒

若溪毓靈秀人物多賢豪衣懷軒中士南藩列官曹自言承寵眷數載輸勤勞昔我未出閤昆弟同遊遨當時在帷幄濟濟皆英髦況爾業烹餁起家充大庖獨能棄流俗文雅涉風騷退朝華軒下照耀宮錦袍綠甌浮紫筍碧斝凝香醪天風響絲竹夜月流波濤獨結此君好長嘯揮霜毫牙檣他日過駐馬賞清高

喜楊實入川即席有懷李曹公二首

詩禮傳家子衣冠將校同五年今再覩三教古人風上書嘗諫獵馳馬却從戎和文恩顧亭李郭共舟中

東軒與南澗難兄又難弟葵光日麗天梧陰月滿地舉觴聊勸飲撫卷同玩味季弟號一齋三人稱友悌交游有賢才南譙之楊賁問賁何人斯是實之昆季

賜甘州儒將楊實

時人愛貨色時人躭酒肉獨有楊將軍清修減嗜欲使齊無肥馬居陝少華屋昕夕奉甘旨餘力事講讀手好持簡編日不視珠玉神明内旣腴怡悦心自足每懷報君親更喜延師宿所以甘州吡賣劍買耕犢卓哉惟汝賢不綏爾官禄

與陳哲林昇 二首

方爲錦城客忽得漢中書歸與固云切炎蒸猶未除啼鳥專

小樹疲馬度荒墟別後應相問到家涼氣初

學業思深造從師賦遠遊是中有眞樂此外更何求燈火偏

宜夜尊罏不爲秋願言崇令德直欲繼前脩

中秋對月

明月生滄海悠然升太虛率土仰照臨淸光遍八區浮雲淨

如洗列宿隱若無幽谷靡遁情好山列庭除天氣自朗淸上

下同歡娛車書已混一老少歌康衢嘉節逢燕樂治世躋唐

虞何以祝我 皇合明如月諸何以示萬古繪作皇風圖

賜蕭寅

少壯別鄉里浩氣不可攀功名苦未遂鬢髮忽已斑清心慕沖素養氣還神丹曳裾數召見議論翻層瀾故山渺何許白鷺青原間睠兹翼軫墟垒壁森芒寒星書半零落亂後良可歎兹行購遺典愼勿辭間關親朋易爲感客路宜加餐寒暑有常運日月如轉丸明年春正好萬里從東還

和韋蘇州詩二首一寄蒲菴禪師一與東軒居士

清曉步西堂緬懐方外客宴坐此山中談經化頑石蓮沼花開合分明辨朝夕心空境一如逈無車馬跡

高詠誰能和知有東軒客青春戎旅間老大隱泉石從師禮

空王樂道忘昕夕四十九年非于今咲塵跡

懐蒲菴禪師

老禪厭城市滿懐空谷春清風與明月對此两閒人高秋約相會白頭疑是新逢望槎峯路跡疎心最親

舟抵采石因人迴作此以寄雨洲

我生天地間出處信所逢三年留故里半載還江東此時又西上指日到蜀中況爾出塵士平生師貝翁奈予道縁薄未得長相從今秋初識面宛如夙昔同願聽無生法長干少從容北風催鶴駕旌旆舞晴空千山青未了萬派皆朝宗錦官風景好有約在新冬

送北禪長老洽南洲還吳中

早入衡台室曾聞師具翁十年不出戶經教頗精通靈根既宿種慧性含虛空禪觀有餘力文章亦見攻藝林推美譽諸老誇才雄朅來應選舉柄法居吳中今年遊上國謁我蓬萊宮言論重山嶽迴斡造化工嗟予未聞道賴爾開愚蒙長干席未暖告別何忽忽明當尋舊約挂錫瀼西東

賜草堂譙巽中長老

漢皇感祥夢摩騰適西來是時東京人紛紛率從之競登講席士矯矯魁傑姿義門爰各立當世欲名馳覺雄一代教本懷昧彰施法運孰紹隆篤生天台師妙理相授受其間足名

緇具菴老宗匠所抱尤瓌奇之子昔從學傑出橫一枝數年富經論今已持旌麾兩住吳越寺遂遊西南陲肇開遠公社妙騁支遁詞新詩得佳趣獨繭長抽絲吟成衆莫敵悟處心自知卜居草堂近梵刹有遺基紅蕖粲的皪翠篠含清漪緬懷杜陵老千載同襟期凌晨忽告別艤棹江之湄臨風一延佇爲問重來時

賜大慈欽一宗長老

始豐有禪伯自號非幻子如幻觀世間幻隱空門裏方圓幻形骸五十幻年紀幻住天台山幻遊龍河水偉哉全室翁濟北傳宗旨說法近　九天叅學盈千指入室所鍾愛謂汝得

吾體內宗固欽守外學亦兼美道韻甚深容談咲頗相似藂林諸碩師平日推踐履大慈久虛席勸駕遊萬里手捧僧録符堪作空王使矧予慕幽人一見爲知己道誼既相親高賢應自比

賜高士郭本忠 二首

聖皇奉明祀祠官秉嚴肅雲衣襍蕙蘭環佩敲瓊玉寸心尚玄默一氣自清淑胡爲賦遠遊翩翩駕黃鵠

羽服迎春風星冠眩晴旭暫爾辭京師翩然到西蜀爲我啓瑤壇修齋建黃籙皈依道德尊普作人天福

和永豐縣儒學教諭鍾絅詩

秋闈延五老肅肅造階除獨羨鍾子期高年曳長裾觀頤知所養浩浩天地初清論忘昕夕使我心豁如遂令使臣華授館致賓匪釃酒烹羔羊嘉果錯盤蔬竊慕東平善願讀河間書夫子迺祥鳳覽德遊庭梧自慚才菲薄樂與有道俱閑居仰先哲景行步高衢尊鱸勿云美請為國士模

和麗水縣儒學訓導祝廷心詩

括蒼古名郡章溢劉基居臺端繼者有祝氏美若璵與璠倏忽三十年黑鬢成霜菅功名苦未遂嘯歌山水間邇來樂教育成仰師道尊緬維文風振興學自李繁至今邦人士猶念鄴侯恩知爾富儒業恥為遊子顏豈無鄱陽才為我輸忠肝

送史行可還龍州

番番老成士三葉丞相孫相去雖異世文采今尚存昔也應鄉舉一鶚曾高騫黃堂布佳政烏府聞直言山林暫淹驥雨露終蒙 恩三年龍州幕贊畫窮朝昏要令邊境氓風俗日以敦賓賢奉 明詔校藝來吾藩賦詩離塵俗譬彼鸞與鵷錢塘舊時事一一能具論今晨別我去酌以酒滿尊黽勉頗自脩無愧忠孝門

賜廖文憲

吾聞古人言七十是稀年今子過九袠天意豈徒然得匪名利輕無适寡過愆不然何妙術能竊造化權疾病不汝磨寒

暑不汝煎三光不汝彫四時不汝遷觀子有道貌知子得秘傳終日見端坐調息常綿綿靜中樂眞樂所以神氣全何者是生涯聊讀逍遥篇

送王紳之雲南

悽悽別西蜀悠悠赴南滇問之亦何爲攬轡心慨然　皇明受天命威德被八埏南滇恃荒遠瘴雨浮蠻烟我翁奉　明詔持節何翩翩危途不憚遠大義奮欲宣恨血染秋草芳名著青編岧嶤萬餘里哀痛二十年玆行負遺骸歸葬先塋邊聞之重予感忠孝難具全緬惟華川老當代稱才賢文章夙所歆氣節衆共憐紳也繼先志遥望恒潸焉徃哉遂情素遠

道須勉旃

贈玉壺山人

紫芝去已遠高風邈難攀願言見似人論交相往還滕公子京後學道企前賢結茅北山麓擺落塵世緣於此有眞趣富貴如浮雲軺車我用遣請爲申白賓幡然起應聘萬里來錦城坐語屢移晷一見如平生嗟予未聞道何啻彼渴飢求賢情益切曷能慰所思不有古君子好懷爲誰開眷茲比鄒魯老矣謾徘徊

賜教授芝文縝還貴川

芝侯監郡日嘉績著臨川至今諸父老感舊淚潸然箕裘知

有紹伯仲何皆賢別來嗟皓首重覩坐青氈銓衡非久困俊秀賴陶甄誰云鬼方遠試聽武城弦罔俾西河人専羡余忠宣

敬直齋

西河有佳士正直長自持漢廷汲長孺千載同心期吳蜀雖異境三到錦江湄存心慕古道正學無他岐斯人不多見俗士那得知昕還南郡日我賦我敬詩別來一歲餘恒重千里思羡子奉師命遠致祝壽詞豈比桃李艷自是氷雪姿置之書閣下才學衆所推相留半載餘喜及秋暮時明朝辭我去特以言贈之子師我所敬子豈不敬師願言保貞素耿耿須

在茲

賜教授芒文縝

貴州教授芒文縝以同考鄉試留此數月矣還歸之日

作詩以壯其行色云

迢迢大河西風俗頗厖厚乃翁軫民憂牧守江之右粵惟二子俱從宦日已久不貴金滿籯所重師與友讀書究唐虞識字辯科斗授業固專門納約恒自牖鬼方未云遠寔亶重獨守用夏欲變夷　宸衷子知否暍來錦江上青衫映白首校藝秋闈中明鏡照妍醜門生送將歸折盡東門柳此去逢故人得錢即沽酒

何陋軒

伊昔顏子淵嘗處陋巷中簞瓢不改樂好學孰與同美哉王氏子睎顏追其蹤竭來山南道采芹頌僖公弦歌互高下衿佩咸雍容喟然發長嘆道體深無窮欲挽漢派流直與洙泗通橫經有餘暇構軒近黌宮清風生几席明月映簾櫳恒存純素心不事丹雘功陋軒亦何陋自有德義豐屋漏貴無忝何必憂屢空允矣君子居景慕前賢風

送濟古舟新古銘還浙東

濠梁啓　神聖　龍飛拓疆域憶我十載前鶴駕此暫息遙峯巒鬱嵯峨望之如咫尺乘風數相訪登臨豁胸臆睇兹芝巖

老自是古禪伯詞華衆所矜儀形眞可即古舟與古銘學道探幽賾適從他方來談玄俱侍側人物競交會寒暑忽四易一從辭 帝京萬里之梁益居處固云崇懷柔不遑食老成重多感念舊恒惻惻二子從東來翩然共飛錫令我心爲開使我喜欲極峨眉光明境躋攀費登陟吟詩谷聲應揮毫墨花濕方期闡慈化忽復念鄉邑征鴻帶寒信殘菊留秋色長風送歸舟勢若萬鈞力爲問重來期矯首雙飛翼

送胡志高赴漢中兼柬万希直教授 二首

趣裝何處去驅馬赴漢中欣然遊大郡况復依方公問學日益博道德日益隆丈夫志遠大那肯局樊籠他年居館閣擬

武接夔龍
胡子蜀中士受公知更深不憚三巴路欲求仁者心伊昔豪
門士籍湜蒙賞音勗哉今胡子願無愧鄭林

賜史行可

歎息史生老新詩日又多宋朝丞相系清白有誰過

七言古詩

御風子歌

御風子眞奇哉不乘駟馬之高車不駕千里之龍媒憑虛御
風莫知其所止要凌八極周九垓鵾鵬扶搖絳霄上下視鷃
雀栖蒿萊朝辭龍虎山暮過灩澦堆芙蓉城中花如錦錦水

一帶相縈迴東有昇仙縹緲之長橋西有說經崒嵂之高臺
云是老君降生地化羌昔自流沙回俯身臨睨久乃下世人
恍訝從天來星冠嵯峨耀白晝羽服皎潔無纖埃招邀自可
致鸞鶴叱咤頓覺生風雷神仙之徒不易得令我一見心為
開御風子真奇哉青羊福地知有待披襟為我重徘徊

巢雲歌

廬山之東五老之峯九江秀色無與同謫仙自是有仙骨擬
欲此地巢雲松上清吳鍊師學道追仙蹤瑤壇風靜呼白鶴
金鼎火煖蟠蒼龍如何去之千載下結巢亦在雲之中不假
梓匠力不假木石功朝出雲漠漠暮歸雲溶溶清虛如在廣

寔府高迥豈異蓬萊宮左招赤松子右拉商山翁四方上下無定處雲兮千里萬里長相從俯看塵世自紛擾巢雲之樂眞無窮吾聞太古初一氣分鴻濛巢居穴處事淸閒淳朴亦似虛無宗嗟我今之人安得返薄還淳風

聞蒲翁禪師遣徒定水古刹入蜀作此寄潛溪門人

王紳

平生好交方外人獨與蒲翁情最眞聞道遣徒遊四蜀報來今已過三秦

玉堂學士潛溪老雅與禪師交誼好況子傳道潛溪門相逢話舊盡傾倒

賜禪維那

禪維那從師遊西川邂逅天台万希直相與其師清談連夕而希直斯未能信於其歸也賦詩以送之故末句用以寓其意云

道人優曇華濯濯現東越少小脫塵鞅長大慕禪悅龍河参得祖師禪心有所得非言傳迺知佛土不在遠一念自可通西乾定生慧兮戒生定拂拭塵埃悉清淨誰云慧可尚求心始得淨名原不病雲在天兮水在瓶脩然文室風冷冷惜哉杜老不復見安得杖藜來細聽

賜怡懶雲藏主

山僧厭塵俗翛然事閒散中心自怡悅爲愛懶雲懶懶雲只在山之中世人那得追其蹤自是無心伴棲鶴只今有意來從龍一絲不掛雲爲衲一席無餘雲作榻客來問我意何如面壁安心都不答九衢大道飛紅塵車馬襍遝無停輪懶雲已懶我更懶此意甚深難贈君

丹杏吟賜紀善梁本之

寶賢堂前丹杏熟色映金盤光奪目錦袍記室梁苑才咽此霞漿喜捫腹方朔曾竊王母桃淵明醉把靈均菊年逾五袠未華顛春融雨頰浮紅玉座間分送爾同曹駕言萬里遊王屋王屋仙人華蓋君贈以神丹若朱橘御風汗漫聿來還地

久天長享遐福休羡蜀道古所難白日黄塵走鍾𨬍

送巖書記東還

魯瞻幼入不二門泊川嫡嗣蒲室孫龍河官寺掌書記此日
嘗晉朝　至尊至尊擬欲加冠帶欲遣塵寰歸佛界自稱臣
是林下人一心只守如來戒　天顔笑許素志酬千鍾之禄
何所求不辭清苦事空寂直擬歷覽名山遊去年來自五臺
上杖錫翩翩遠相訪載言欲往峨眉巔此生願覩光明相暫
權法席錦官城緇衣亦復歡相迎正喜吾民慕慈化買舟又
作東南行五月炎風渡滇海敬禮補陀觀自在長干若見欽
與譙爲説王城久相待

寄青城山玉壺子太微句煉師

青城山高幾千仞嘗有隱者居其中丹成龍虎數十載乘鸞跨鶴滄溟東衡山秀拔大江南諸峯拱立鎮湘潭羽衣婀娜飛白雪知是仙翁來廣寒況今吾弟此封土傳國千秋保荆楚虛心每接方外交論道常聞趨紫府紫府頻開國士筵華筵設醴待羣賢仙翁此時有真樂翛然共醉玉壺天江陵何事久淹留物換星移又幾秋予亦今冬過此地與翁同返青城遊

獻園睿製集卷之十三

獻園睿製集卷之十四

五言律詩

登泰山

上國分茅土東郊命保釐山川同永久齊魯半清奇日觀千峯表天門一覽時名藩雖險阻脩德享丕基

懷陳長史二首

白首侍經筵龜書得正傳伏生今已老董相素稱賢廷對推三策家藏止百篇懷人頻夢覺五夜不成眠

秋闈盡日坐秋思獨悠然器識人所重文華士之先上句方別去一榻已重懸料得有清夢時遶玉堦前

青羊宮齋次作此與湯都率

聖代生良將皇天祐吉人謙光效馮異清白企曹彬愛軍尤愛士能武更能文鸞鳳今難得百禽那擬倫

賜漢中教授二首

伊昔開東閣相看眼獨青文章奏金石衿佩覿儀形應喜遊二輔焉能困一經　前星垂炳耀染翰侍彤庭

昨日出都門今朝少一人才華懷吉士燕樂憶嘉賓乘駟歡遊蜀驅車懶入秦新春有良會重與細論文

賜奉祠副祝淵歸省

折桂榮閭里才能勝腐儒澄清知有志明决辯無辜釋褐曾

飛簡除官又戕裾三年勤執事歸覲到龍舒

怡澹軒

山中許道士結屋近着山澹泊味方永怡愉心自閒長年煉丹竈盡日掩玄關欲學陶弘景白雲相往還

題扇賜姚庸

圯下傳黃石膠西禮蓋公高風千載後芳躅幾人同開府冠三少華堂舍一翁教君貴清靜好去贊天工

觀此詩乃祖乃父遺風餘韻猶可想見

賜明長史

賚予曾夢弼用汝復爲霖堪慰三農望能寬百辟心路旁瞻

漢相床上鼓虞琴更有山南客援毫喜欲吟
今春久旱百穀未播黎庶焦勞極矣君相端受重禄寧
不有愧於心用是減膳自責特遣輔臣禱于灌口故賦
此以望之
和左叅議周淵明
當宁憂民屢登庸喜得賢敢懷高士志適覩中興年瀟灑溪
山趣風流翰墨筵他時功業就漁釣足盤旋
和同考試官馬壽
昔在苕溪日邦家正養賢風流施絳帳文采映青年兩擧持
衡鑑重來設醴筵倚門凴注想快覩綵衣旋

和景曾致仕還鄉四首

林下今歸去清時見一人為郎驚歲晚賦性任天眞抗疏辭
青瑣持栝對緑筠重來未可料佳句慰吾頻
父子俱旋旆文星頓覺稀穆生非却醴疏廣自知機儔侶今
誰在家山獨汝歸明年鴻鴈至會傍錦官飛
春暖游盤谷天寒別錦城生還今已遂老去竟為榮鄉黨稱
雍睦邦家重悃誠翻思十年事使我獨含情
祖帳都門外賓朋袂恐分青年偏嗜酒白首更能文賈傅宜
前席鄒陽卓冠羣高平過仲禮下馬酹孤墳

和考試官祝廷心

南國稱多士君家奕葉賢儒林宗太史華館得喬年勝日遊
梁苑清秋醉楚筵談經宜皓首錦里未容旋

和德陽縣儒學訓導蔣夔

儒冠來白下講導繼前賢葵藿方傾日菁莪已歷年眞堪居
禁署甚喜侍經筵更有臨池興雲箋舞鳳旋

和同考試官彭孔修

全蜀賓興日掄才羨子賢霜臺懷汝礪朱邸説龜年壯氣呑
雲夢高談聳四筵定王臺尚在為我重回旋

和同考試官劉彥常

淮王今有後質朴象先賢鴻寶寧全秘昌陽自引年萊衣稱

孝養遂醴與賓筵堂扁春暉好裁詩贈貝爾旋

和考試官鍾絅

仲秋當大比郡國政興賢使聘廬陵叟人疑絳縣年校文推
藻鑑設醴賦初筵耆舊今難得斯堂奉以旋

賜伴讀黃立我暫歸臨川

江左多才儁君家舊有聲一門全隱德三世以詩鳴直諒推
何叟清修愛蔣卿大賢應有後為我勉吳生

何惟亮蔣夔皆立我之所推薦吳文正公孫基乃立我
之門弟子也故及之

賜伴讀黃立我教授蔣夔與告還鄉舟次古渝無示

蔡長通

泰和眉宇秀雅慕紫芝之翁更喜臨川叟文章有古風荀陳曾並駕李郭又重逢明日渝江上清狂慰長通

因趙志恒還山賦得五言近體一首録寄四十四代天上張公子朝中列上卿丹書傳道祖玄教嗣難兄龍虎蟠金鼎風雲會玉京何時瞻羽蓋環珮謁陽平

湛碧眞人

御風倪尊師養高林泉同希雷鷗

卧病述懐

吾衰眞久矣抱病幾經時樗櫟從人笑詩書足自怡幸逢周

典禮頗附宋宗支却憶潛溪老清宵魂夢馳

賜鄭允充歸麟溪迎毋二首

王國求賢傅　天朝訪舊儒門閭旌孝義父子說詩書此日遊三蜀他年擬二疏為言諸俊彥廊廟重璠璵

白雲親舍遠瞻望獨欷歔舊聽尚書履時迎長者車遂初眞逸士通德果醇儒祿養慈顏喜新春導板輿

賜四景詩傑性空

聞道山居好春來景更多翠連雲外樹紅間竹邊坡倚杖看泉脉凭欄聽鳥歌悠然無外想輸却老維摩

翠壁丹崖外青泉白石間恍疑無六月渾覺似三山槐影疎

蘺曲荷香淺水灣紅塵飛不到終日伴雲閒

天際涼飈起山中玉露浮林踈驚鳥宿果熟聽猿收補屋牽蘿去穿雲採藥遊此中堪習定何必訪嵩丘

遥空飛六出銀海絢光華誰布黃金地惟看玉樹花古壇翻貝葉絕壁掛袈裟更覺清風遠敲氷日煮茶

喜雨和杜工部韻

天心感人事夏至倏春過好雨一犁足精求三月多側聽聲不絕數問夜如何湯旱誠無慮堯民樂且歌

賜何器

何器稱瑚璉惟懷報 聖明今爲蜀郡倅舊是魯胥諸生張載

曾傳易黃瓊且寄聲微官清自守薦鶚有公卿

招勇將軍僉四川行都指揮使司事黃中通理予與之言即知仕優而學非特一將之智也蓋其前言往行燦然胸中史氏所稱儒將吾見其人矣故賦此以美之

藩鎮需名將　朝廷用老臣伏波終報主充國豈呈身瘴雨軍容壯蠻烟號令申屯田端有策暇日自頤神

賜王祠部

山澤藏名久春秋閱事多謀猷重方叔貞節美韓娥老去辭郎署才應上諫坡香羅遊兎苑宮錦雜漁蓑

送廖敬先還江西

鄉社稱橋梓邦家重向歆顧雍新識面張翰舊知音河內弦歌滿吳江歲月深茲遊最奇絕不負此生心

賜祠部郎中致仕王起巖

予未出閤時聞王祠部蜀人也未幾以老放歸田里及見周君孟啓談祠部之詳識之有年矣予既入蜀四方士大夫輕千里至者數有其人而祠部在予封域之內未嘗一請謁焉今年召至欵語久之益信周君之不妄許人而祠部誠吾邦之老成士也喜而不寐聊賦短篇

祠部聞名久登　朝早乞身腰銀已忘貴躬稼不憂貧城府

無心入壼觴得趣真憂民居畎畝今日為披陳

五言長律

舟行寄存翁全室同菴夢觀隨菴諸老宿

與師相別後盡日汎中流櫓棹聲逾急雲山路轉悠風生卷旌旆日出照戈矛王氣東南盛波光上下浮千兵嚴虎衛多士進嘉謀聽講偏傾志摛詞謾解憂霜清聞曉角月靜唱更籌回首京畿遠沉吟節序周興來思慧遠悶去憶湯休待結青松社何時白帝遊此心常北望寄與趣南洲有客西還不緘書上益州

寄蒲菴禪師

憶昨鄉山暮于今帝里秋感時懷慧遠恨別以湯休朝問龍樓寢晡還鳳沼遊寅恭遵聖訓清節覩儒流間接幽人語偏思老衲愁玄言纔輟聽妙理更那求石洞禪心寂芝巖容訪稠好詩來禁闥高隱占林丘鍾阜清光近岷峨佳氣浮天風催鶴駕江月照龍舟孰謂參商隔何嫌道路脩夙緣終有會西上擬重留

和畣工正劉仲珩

北闕布恩光西川得儁良盍簪來禹錫授簡邁鄒陽佩玉珩琚美橫經書傳香華筵歌醉飽蓮炬吐熒煌朱邸儒官列彤庭治具張搢紳招碩彥聖哲見羹墻樂物黃金帛詩材古

錦囊清心探理窟妙手扶天章海宇文風洽邦家福澤長芹
宮頻教育藝苑久翱翔交契偏宜蔣詞華雅愛梁放懷惟坦
蕩涉險自平康共跨三山鶴同傾九醖觴中郎曾識蔡老將
更依常共汝猶舟楫思君若鳳凰聲名揚錦水星斗燦銀潢
禮樂三千字衣冠弟子行斯文天未喪　皇業日無疆書閣
延多士親藩降百祥永懷叨重任道術愧前王

獻園睿製集卷之十四

獻園睿製集卷之十五

七言律詩

雙致堂

致政歸來湖水邊一門兩世總才賢鄉邦共詫二千石橋梓相望三十年天上寵恩曾重錫人間勝事寔堪傳堦庭喜見芝蘭秀好繼亨衢早着鞭

昨賜長史陳南賓詩二章用次後韻以賜右長史明善

筮仕王庭嘆小心說詩微意諷荒淫招賢佇看開東閣應制曾傳賦上林雅愛唐裴偏稱服長歌楚些漫披襟柄臣體國

宜寛大莫遣功曹事刻深

和紀善王彰韻賜教授鄭楷

家學淵源遡漢儒王庭共美魯璠璵考槃任昔懷肥遯授簡于今服美除滕閣書長覲蛺蝶錦城春暖聽雖渠浦陽耆舊推文獻知爾當年效鯉趨

再和

旌義傳家一老儒文游仍喜得王璵長髯須舊擬中書用皓首新承宫教除鳳閣有聲喧汗簡麟溪多士映清渠醴泉本爲尊賢設待漏班中更早趨

高皇臨御尚文儒廊廟從容重舊典宗伯暫辭龍尾去諫垣

又覲應冠除梁園麗藻今猶昔漢殿昌言我識渠會見安車
歸故里丹墀日日免奔趨

送黎讓赴 闕

許身無愧重南金更羨多才占鄴林教闡閩中新絳帳聲馳
江右舊青衿夢回猶自懷靈運講罷令人憶蔡沉捧檄 天
邊應拜命綵衣歸舞畫堂深

和曾教授志喜詩

墨池秋淨染雲箋奎壁光芒動夜躔慈母鶴齡甘旨足門生
鷹塔姓名鐫鄉邦俊彦知無敵鄉會衣冠歎莫前著述動成
緗帙富樓成有待賦籌邉

再和教授顧禄謝恩詩

拜官憶昔到成都羨子同曹有康扶席上酒酣曾舞劔竹間賓至每投壺青山緑水偏添興美景良辰即賜酺甚誦當時經

御覽再聞新作過黄初

和馬壽九日詩

會稽馬壽爲樂平校官兩入吾蜀以考貢士予愛其學富才俊弗隕家聲既而毋老不獲留遂賡其九日詩以嘉其志且爲饒陽士子勸

西川兩入校文場此地儒紳盡望洋芹泮風清懷運甓蘭亭春暖詠流觴饒陽佇看徵安石於越從知訪復祥九日賓筵

多麗句瀕行爲爾重揄揚

和教授黎讓訓導蔡長通倡酬詩韻幷賜長史陳翼

齋閤從容講閟宮振衣又上五雲中遊山錦軸詩常滿對月金樽酒不空今日長沙無賈誼昔年楚國有申公煩君往候陳氏獻忠孝傳家有父風

和顧祿二首

宦情雖薄性難羈載酒從師好問奇廉似許承仍聵耳才如李白更揚眉南郊舊獻三朝頌北闕新傳千首詩此日東吳莫回首親藩投老樂清時

曾攻篆籀企先秦更抱遺經愛素臣賢母堪書貞婦傳佳兒

能賦錦城春觀梅何遜追前蹤種柳陶潛繼後塵吳郡如卿今有幾新詩壓卷語驚人

和秉字韻賜顧禄四首

風雲壯歲欲依乘垂老甘爲粥飯僧文苑久知傳正印禪林今喜慕心燈誰云謔浪如蘇軾自負才華過薛能明日草堂張宴處醉吟七夕瀉溪藤

昔日常思駟馬乘于今潦倒且依僧朝歌白雪陽春曲夜照青藜太乙燈三館風流皆羨羨一時賓客總稱能吾藩賸有佳山水題徧新詩在剡藤

叟裾最愛老枚乘澹泊無營似野僧每聞小童窗外竹更肴

慈毋佛前燈楚莛共訝才華盛梁苑爭傳賦頌能此日親藩
資禄養宮壺香泛紫金藤
賈島當年學佛乘只今餘習愛詩僧中秋醉賞西湖月元夜
行吟禁署燈曾備禮官供俎豆巳承郡守貢賢能岷山自與
滇池近羨爾長才賦赤藤

和来字韻賜守欽

隨身宮殿紫雲乘定屬叢林白業僧嵩嶺只今懷破竈僧祇
曩劫侍然燈　皇猷黼黻身雖老大教維持力尚能朝市山
林同一致不妨譚咲策烏藤
讀罷楞嚴最上乘芙蓉城外一閑僧形如槁木元非樹心即

明珠不假燈伯玉知非應寡過宣尼將聖固多能何如一默毘耶室手裏從教拗折藤

此生篤志究宗乘肯作禪門未了僧般若書談揮玉麈袈裟夜坐對青燈圓通真觀唯心具清泰神遊自性能會看他年功行滿牀前瑞應產朱藤

和典寶正致仕張璧述懷

春風舞詠不成顛政遇清時享暮年已喜掛冠遊錦里俄驚賜帛荷皇天（丙申歲六月將届壽旦天風自西北來飄匹帛墮北家翁有天賜帛歌）人間甲子稀多壽海上交遊讓獨先借問此翁何所有靈臺皎潔月孤圓

武夷歸牧種靈芽陰德由來布海涯縱筆毎凌梁苑賦少年曾賞洛陽花三生再覩張平叔八袠重逢姜子牙自歎儒冠今老矣遺經猶憶魯東家

仙翁九袠古來稀甪里衣冠素有威麾玉罍懸車高士在蘭亭脩禊故人非揺節屢賞東籬菊鼓缶長歌北嶺薇怪底香煙携滿袖幾迴環佩月中歸

答彭孔脩典簿

政事文章慕醉翁平生天與抱剛中典籤自是王官貴直講仍知家學同每羨江西人物盛那知冀北馬羣空從容晝畫應多暇設醴時時在殿東

蔡長通入新宅志喜

風流跌宕貴溪翁賸貯喜年來繼謹中秀句已聞諸老並清班更詡列仙同看花錦里才偏稱對月金樽酒不空爲卜西枝堪吏隱誰云李白憶江東

和廬陵李子儀詩

中原鋒鏑已全銷　聖主臨軒簡庶僚治郡九年書上考邊朝三月聽虞韶頴川問政懷黃霸高廟求賢惜范寥此日經筵觀翰墨雄深端可重青瑾

和括蒼祝廷心遊草堂

錦官風月浩無邊訪古懷人四十年悅簡泯園身未老楷經

叙殷席頻前草堂今日來尋彥竹徑當時記七賢安得雲軒
下寥廓願同子美御飄翻

和廬陵鍾絅九日錫燕詩

百年幾度逢佳節塵世誰能咲眼看共訝陶潜今應聘還聞
李愿久歸盤清樽謾把茱萸醉鶴髮寧辭鷗鷺寒此去好登
滕閣望知君重整鹿皮冠

和教授顧祿贈僧守欽詩

誰借雲間白象來錦城欣覩應真僧文章磊落扶宗手道德
光明出世燈問法蚤從松下叟傳衣遠自嶺南能太平此際
原無象來往風流謾策藤

賜左長史致仕義門鄭楷還金華

君臣道合動蒼旻禮義傳家表薦紳萬里觀光新拜相十年
勸講舊充實莫言綠野歸休晚秪羨江都學業醇他日 明
廷如養老安車又見詔楓宸

和教授顧祿謝恩詩

子子干旟美浚都賓筵既醉給人扶千秋古訓陳金鑑萬壑
清冰置玉壺唐室有才稱顧況漢庭受學重張酺親藩濟濟
多賢士永樂于今邁建初

和典寶正致仕張璧書懷

番歲屠龍手自封赤松今許服交梨箕疇五福膺多壽洞府

羣仙序更躋賜帛俄驚青使鳥讀書猶愛雪逢鷄老去固知
天爵貴人生何必帶橫犀
肥羜金盤好細割多君勇啖惜胥黎萬言策上　天顔動八
袠年高壽域躋龍虎殿前看舞馬鳳凰臺上聽朝鷄平生漫
擬登台鼎笑謂頭顱有伏犀
詩誦羔羊膳宰割水衡正值薦消黎豐年設醴華筵秩盛際
窮經膴仕躋閫海肅清飛皇蓋濠梁覃霈覩金鷄更言此日
皇威遠劒佩聲中列象犀
養志無勞犬豕割君家父子比樝梨釣鼇雲海仙山近積善
天衢上品躋老景尚秉千里馬少年曾鬪五陵鷄佳音早示我

瓊瑾句贈爾龍團噴木犀

悼鄭醇翁

儒林深惜鄭醇翁十載交遊咲語同東郭艤舟追逸駕南湖
釃酒挹高風丈夫出處非無爲老子行藏自適中惆悵仙華
山上月猶疑顏色見朦朧

夢安老大夫

憶昔先皇御六龍峩冠進講總厖鴻漢廷獨訪長沙傅唐
室惟稱綠野翁黃髮無愆全素節清宵有夢識孫忠更騎箕
尾朝元去想在鈞天侍法宮

仲冬朔旦喜觀瑞雪

閶闔遥瞻琪樹開蕋珠仙子散花來豐年景象占三白盛世禎祥遍九垓舞榭歌臺渾是玉暗香疎影只宜梅今朝西嶺風光好誰獻瑶池阿母杯

和景辰贈子儀邀小酌

妙齡曾賦高軒過暮景還逢張志和江右斯文今有幾雲間遺老已無多曳裾謾受梁園賦彈鋏何煩俠士歌愛我黄柑時正好清霜那遣鬢邊皤

賜和希仙翁述懷詩

蚤識匡廬結社僧晚依菊井壽彌增無慚北闕曾攀柱有志南溟竟化鵬龍尾直言朝獻策蠅頭細字夜籌燈嗚珂錦里

身猶健好向天衢白日升
潞公同德古應稀況是同鄉具德威已喜七閩多頌美更遊
萬里過知非東籬把酒餐黃菊南省哦詩對紫薇藩府風流
惟二老兩朝莫放子儀歸

再和

襟懷蕭灑出塵僧宰邑廉能郡秩增龍虎日長聞道德武夷
天遠覩鯤鵬掛冠雅愛千秋雪稽古重逢太乙燈爲善由來
陰騭厚丹臺有詔待飛升
仙人玄鶴世間稀盛代青城覩令威抱拙始知今日是勞生
終悟昔年非風清庭院供雞黍雨過山田長蕨薇西蜀移家

江海上側身東望已忘歸

二和

高標何似紫衣僧射策金門喜氣增神駿慣看千里馬扶搖
快覩九霄鵬潯陽露浥清秋菊閬海風流午夜燈誰信儒冠
今不誤暮年猶見陟階升

貞元朝士眼中稀鵠立彤庭辨等威薦剡無嫌知故在撿身
弗及覺前非已從阿閣觀鳴鳳未肯深山賦采薇緩步泌堤
芳草軟諸孫日日醉扶歸

四和

悔不藏名在萬僧蹉跎屢見歲華增鳴皐自咲雲間鶴奮翮

誰憐海上鵰扶老杖頭無長物讀書窻下有殘燈衰已卜
滄江外種玉應知得幾升
長庚落落衆星稀羨子才名繼武威海内車書今混一蜀中
文物未全非眷生官舍頻燒燭投老家居漫食薇昨日成都
曾問卜乘槎那許客星歸

獻園睿製集卷之十五

獻園睿製集卷之十六

答梁本之紀善

記室才高企放翁宦游多住錦城中家庭問學于今異里門襟期在昔同設醴金門春似海揮毫青瑣氣凌空河間莫羨賢賓從好播雄文雪嶺東

答鍾子完紀善

天相斯文付若翁宏躋壽域百年中濟南奧學風姿異江右高情父子同已喜拜官新記室細懷歸隱老司空吾藩從此多佳士爲搆華堂觀闕東

答劉仲珩工正

西昌宰邑説涪翁羡子才名治化中已共蔣卿談道德更尋
曾氏問參同從龍自覺天潢近聽鶴寧辭蕙帳空細閱長通
狂叟傳文章獨步瀼西東

荅徐一清教授

憶昔華容魏弱翁侍予髫齔講筵中憐渠别後音書隔愛爾
來朝咲貌同得士遂令藩國重守官那計客囊空公餘應共
張司馬載酒高吟玉壘東

和蔡長通所獻詩

芹泮從容慕履常曾遊京國早觀光九年教雨沾夔子一泒
祠源出渭陽南郡只今稱茂異清時況復值明良茲行捧檄

銓曹去秋興重吟巫峽長

龍虎風雲接　帝都山川嘉麗壯宏模稔聞天上羣仙語飽讀人間萬卷書藩府官僚需俊彥朝廷製作遡唐虞邇來徽外知絃誦文德昭昭喜誕敷

賜蔡伴讀歸示無爲眞人

何年一到上清宮燕處超然樂在中漢室封留懷少傅王官歸隱美司空城南已訪叅寮子江右還尋芒芴公我昔治亭曾問道者山再願挹高風

同駙馬都尉謝達南樓聯句用柳子厚詩韻

極目南樓望四荒睿晚來日色正蒼茫達青山雨過開圖畫

達翠柳風生拂女牆睿宇宙雄才方弱冠睿乾坤清氣入詩
腸達登臨何忍明朝別睿恩重難酬在　帝鄉達

賜和典寶還鄉祭掃

思鄉遂志促行裝遠別中都望太行千里家鄉榮寵錫　九
重宮闕重觀光驊騮去踏紅塵軟鸑鷟來儀白晝長知爾老
懷逷事急不遑盤谷久徜徉

賜方教授二首

聞說眼空天下士只疑身是洛陽人少年有學談仁義高論
無慚問鬼神九載之官看教育萬言詣　闕聽敷陳曳裾似
在長沙日知己相逢此志信

四十雖聞不動心平生富貴豈能淫屢蒙論薦來天禄自負文章入翰林養望也須添白髮觀光仍遣教青衿何聞好古嗟予慕多士從遊愛子深

今春浙僧守欽永謙再入蜀欽全室弟子謙具菴弟子其同遊又有浙士万希直云追和舊　賜僧濟詩韻故并及之

二老風流卓冠羣兩家子弟總能文翻經一去懷靈運識字重來問子雲瓶鉢屢空眞學佛江湖雖遠不忘君論交添箇万希直道本同原恐見分

賜古舟古銘古韶

槎峯曾註信心銘今日蒲翁古賛寧數月仍留親講座半年方許返禪扃長篇每欲追風雅精理尤能入窈冥我見似人應有喆南來三子舊趨庭

舟行過鄱湖是日好風送帆頃刻數十里將望武昌喜而賦此

穩泛樓船別　帝都好風今日過鄱湖紅山望入郊郭近黃鶴飛來氣象殊滾滾江流連漢沔迢迢地脉接衡巫明當湘楚遊開日悵望長沙獨遠途

和永禄韻送其東歸兼寄南洲講經促欽一宗謙巽中早還

度盡千山與萬山錦官城內一開顏酬恩有意金湯護作宦無心玉筍班未信陶潛曾入社肯從韓愈強加冠歸途頓覺長干近若見南洲好問安

欽一宗嘗與方希直爲方外友情誼日篤有異姓天倫之好既而一宗招希直入社希直誘一宗歸儒一則不樂於逃禪一則恥儕於韋布未幾方欽南北皆弗遂焉故詩中有陶韓之説云

唐律二章送謝駙馬還　京兼柬郭駙馬

使節西來喜氣濃聯鑣出郭共從容題橋壯志懷司馬輔漢奇才憶卧龍錦繡滿囊詩似畫雲煙落紙筆如鋒相留餘月

仍相別目送歸帆覲　九重

甥館榮居　日月邊芳年二妙總才賢芝蘭階砌香逾遠松竹氷霜節更堅江左風流傳自昔汾陽事業讓誰先兩家子弟眞堪羨好樹勳名照簡編

無題

大厦重堂數十間侯門高建勢崇山朱纓列戟千兵給紫綬稱觴一品頒旦至流沙觀往事暮歸鍾阜待朝飡祖宗幾世脩陰德何代逢神服妙丹

予與代邸別甚久思念甚深且聞其腰帶十圍而有睟珠之喜猶未得親聆其啼看其嘅歎何如茲郭試

之回用賦律詩一首録寄左右致予友愛之意云耳

不見卯君今六載每因來使問何如華聯棣蕚輝相暎香茁蘭芽慶有餘紫塞風高秋聽鴈錦江書到曉烹魚新詩唫罷情何極幾度看雲步玉除

昨賜方教授詩今次前韻賜陳長史

聖朝稽古尊三老王國推賢第一人退食委虵看晚節舉盃瀟灑自頤神年衰未厭詩書習身謝何妨道義陳却笑鄉音猶不改只誇壯志久能信

送廖敬先還江西

幼學知君已壯行于今回首歎晨星治民更羨踰三輔遺子

猶能教一經江總還家頭尚黑嗣宗愛客眼長青明年講道宜春郡爲我溪頭訪負苓

賜和緑筠軒二首

醉裏乾坤夢裏身緑筠軒下養精神性純多病常憂病心欲安貧不厭貧對竹清閑消永日看花長醉送殘春遣懷有酒題詩句樂道安居慕古人

彬彬文質風流士爭有霜髯數百莖麴蘖消愁眞得力光陰催老苦無情凌煙閣上名多著伏火爐中藥不成袖裏乾坤如許大壺中日月度平生

獻園睿製集卷之十六

獻園睿製集卷之十七

七言絶句

與董尊學士七首

昔年從學徐施齋今日無慙董仲舒莫道雲南在天末宣尼嘗欲九夷居

右春坊轉左春坊至今留得姓名香多少搢紳登禁近但聞人羡董安常

當宁求賢自古無惟公入告有嘉謨聲華自此喧朝野豈效人間浅丈夫

聖駕當時曾駐驛老成特 命牧中原鄜廟江湖俱一致憂

民懇懇數陳言

皇儲睿哲由天縱勸導從容似子房義重君臣那忍別白金

垂賜耀行裝

聚扇題來翰墨新中官傳　命勞師臣雖辭北闕來南徼此

日猶聞憶止人

受知三葉恩光重萬疊雲山莫歎傷男子得時已行道安常

老去亦何妨

題陳長史安老堂

老翁平生心事好肯向山林甘潦倒青雲有路升天衢閱盡

歲華常不老

贈陳長史

當代論才有幾人如公詩句最清新今年扈從朝　京國宣室重看訪老臣

聞左長史陳南屑訪定水長老濟古舟作此以賜之

少年登科不學仙老來遊宦欲逃禪從赤松子應無分訪濟古舟必有緣

和弟湘王詩送楊道人遊武林五首

圯下有書傳老父來尋佐漢報秦軍封留誰識非吾願辟穀從遊卧白雲

白鵝籠向山陰去樵寫黄庭贈右軍千載風流今未泯可人

情節抗浮雲
人望濟時爲宰相此心終不負將軍爭奈山中無俗慮靜觀
隴上有閑雲
子夜神遊驚弗返天門報到葛將軍旌旗蔽野威儀盛親送
迴鑾擁紫雲
乍喜新詩多態度況驚筆陣掃千軍道人舊作王門客高義
曾知可薄雲
予聞忘高有戒心故寫此以壯其行色道經蕃府出
而示之必不敢加爾以慢罵也
從此驅馳望孟門歸時驚喜室家存漢城父老詢夫子身在

天涯逐夢魂

羣盜猶聞慕宋儒誰言山鬼敢邪揄元戎若問招懷策漢上
于今有鳳雛

何璟之回書此以勉兼柬玉壺句鍊師二首

來朝臥疾遣良醫黒色深憐帳下兒好去荊南侍吾弟黃鬚
見愛擢偏裨

清華遥想倚天高昭事虛皇陟降勞爲問玉壺老仙子金門
幾度醉蟠桃

送道紀東歸

酷愛通仙學畫梅去年跨鶴浙西來江陵賢弟開藩府聞說

樓居待子迴

臨安道士臨邛客曽向青羊授正儀吴蜀山川雖萬里放懷投老太平時

董教授告歸南中為賦絶句四首以贈之

平生秪願為周士遭遇清時好著書官冷南中非不達會須待詔詣公車

自少胸襟卑將相諸公未厭禰衡狂暫淹驥足為郎日莫嘆流年鬢髮蒼

窮達素知真有命山林飽讀數年書若何鄭老知賢增門外應多長者車

守官漢上無寧處幾度游梁喜欲狂荷子曳裾能啓沃才蹤
殊愧漢王蒼

口占二首喜林昇至此而惜鄭秀才之暫去也

聖代文風遍九垓眼中人物羨天台南中教授眞梁棟林鄭
猶如桷與榱

秋闈校藝總英賢座上惟生一少年縱有皤然諸老在風流
文采莫能先

觀梁謙所進書義知其爲人有志於窮經者聞來科
欲充貢上故作此勉其進修云

長沙太傅學專門羨子從游熟討論話到天人玄妙處遂忘

今古與朝昏
科舉得人今日盛請看濟濟列鵷班臨邛自古多文獻好繼
當年魏鶴山
首夏清夜秉燭賦此黎明以示少汲予欲播傳於搢
紳之間以爲美譚耳
江左風流一謝安故吾夫子歎才難後來曠度稱王儉逸駕
從知又可攀
客師風鑒豈通神七載登瀛有福人臨別與君加保愛鄴侯
自少最相親
多君有幸客成都盜跡明爲折簡呼若使低回留漢沔猶如

陽虎遇諸途

罵賊方知膽氣雄安排死節效顏公名垂竹帛光門戶幼女

能言山鞠窮

和少汲贈無竭口號一首

大節何如看立朝無勞上疏繼孫樵昔人肯聽胡僧語陰德

由來渡竹橋

續和三首錄似少汲聊發孤笑耳

雅志雖知在本朝自憐儒術侶漁樵何當獻納 龍顏喜駟

馬乘來過此橋

干戈避地得同朝博洽人誇是鄭樵妻子山中向天哭歸期

應待鵲塡橋

縉紳準擬薦登朝便趣曹裝不負穊要使彤庭蒐墜典觀光

萬計盡圜橋

長史陳南賓染疾數日不能趨朝作此以慰之

鶴髪垂垂七十年談經藩府共推賢昨朝忽報沾微恙厚德

由來祐在天

送和景曾暫還陵川

數年飽喫大官羊明日驅車上太行莫到故鄉不回首王家

已授緑衣郎

賜張紀善

張公早作觀國賓愛君憂國心寂眞博學宏詞驚 聖代新詩佳句似唐人

送顧教授二首

我愛長康年少日才名已受 九重知會看視草 金鑾殿却憶梁園獻賦詩

早開東閣聘賢才羨子多情兩度來何似楚王曾設醴不如燕地築金臺

賜凌典膳

烹調玉食事人主出入金門愼言語古來代邸有高祛賢哉若人斯可取

題賈徵士墨跡

賈生入蜀未朞年題徧王家九萬箋鳳翥鸞翔全八法朝朝染翰侍經筵

讀玉堂集著有懷王待制子充

子充憶昔侍鑾坡一代文章著作多持節南中身已死芳名千古豈消磨

懷中書舍人詹孟舉二首

先生早歲讀說文筆法傳自王右軍數年揮灑　至尊側嗚呼老矣中書君

嗟我當年學六書旨先生此日畏長裾爲藩想舊遊黄閣待詔

于今杖石渠

賜夏庭恕

莫嗟年老無兒孫却喜從來家學存昔日曾期佐方伯此時
被召入王門

賜良醫張思敬二首

良醫報國果如何問難精通似華陀藥裏于今見神效子孫
他日擢高科

山中說劒曾聞道市上懸壺頗治生藥用君臣陰德厚經傳
龍虎内丹成

題賈徵士扇

鳳凰栖老碧梧樹樹底清陰消溽暑一朝卿上治安書韻播
儒風被寰宇

賜僧似蘭

第一禪林豈乏才殷勤遣子蜀中來秪因懷抱忘夷險擬望
今冬稛載回

和韻賜僧東昇

摶風萬里志圖南寶月東昇照碧潭字學十年師智永禪門
三昧得明菴

賜翠山長老居頂

僧中班馬是何人羨子從來不爲身蜀道于今易如掌莫言

萬里頻艱辛

賜僧中孚

昔年航海到江南久向龍河叩泐潭雅與潛溪方外好前修勉汝慕明菴

喜聞一初法師重拜左講經作詩以贈之

與師數載最相親別後成都想故人已喜左階重拜 命寺容清泰早栖神

贈左街僧録竺隱和尚

七十年來要策勛一心三觀寂精勤雖還宗署辭黃道肯放家山卧白雲

聞天界全室和尚重領右街僧録作此以贈之

我愛禪門一偉人堂堂丈六紫磨身當年不作瀛洲客今日
還爲覺帝臣

寄蒲菴禪師絶句四首

一策西遊信有期何年飛錫到峨眉普賢大士欣相迓借與
雲間白象騎

歸老槎峯震法雷名高當世實奇才莫言近日音書隔月窟
天香幾度來

大教于今遺一老籍甚優游　帝鄉好宗風雅欲繼前脩那
肯山中甘潦倒

老翁神清而貌古讀徧西來與東魯曾看現世爲人師更信來生成佛祖

賜寶曇和尚

山中靜閱歲華深舉世何人識此心不獨峨眉幻銀色直教大地變黃金

寄寶曇禪師

斷崖如是再來身今日還修未了因借問山中何所有清風明月寂相親

贈左街僧錄同菴和尚

五百僧中第一人誰知覺果是前身南屏舊作栽松者大教

今爲柱石臣

贈靈谷隨菴和尚

贈我圓宗望我深蓮華七軸寫黃金聖師秉頴人難測古貌從知又古心

次韻荅大蘆聲外長老詩二首兼柬蒲菴禪師

聲外叢林第一流時看貝葉在床頭錦江秋水峨眉月題遍新詩似貫休

幾迴青瑣論玄微金縷蒙恩賜總持寄與蒲菴老禪伯西遊有約待多時

次韻大蘆長老謝恩口號二首

勤政由來毎自強彤庭日色映蒼涼詞臣盡是龍頭選天對時聞鷄舌香

羣陰消盡絶無魔朝野賢才濟濟多願覩太平今有象普天率土沐恩波

贈夢觀南洲二師 有引

夢觀南洲二師皆嗣法具菴又得同時柄教俱為高僧中興教觀寔有志焉義龍義虎皆昔人所稱者於今見之然吾聞當仁不讓於師他日扶宗竪教不有振後光前者哉二師年壯當慕古人而求無愧也

羽翼羣經號有才長干高座講衡台中興教觀承 天寵知

是羅睺今再來

天語褒嘉教有人只因虎子對楓宸同門在昔如昆弟聯胥于今似辯臻

寄南洲法師

昔年曾聽說衡台萬水千山何日來若在江南望西蜀煩師頻上雨華臺

送峨眉歸雲聰長老

峨眉山人名守聰昔年來自滄溟東明朝擬向歸雲去東步金沙作梵宮

賜定水長老仁濟

西遊萬里壯平生夢裏曾知一行不闡玄風在王舍能令
祖道重光榮

賜浮圖道韞 有引

浮圖道韞將南洲法師命來謁予於成都禮大士於峨眉既而有歸興請法語并詩數篇予愧無淮南東阿之才姑寫此以塞其意陸翁見之必發一咲

少年浮圖遊成都爲禮峨眉大士居歸到東吳古天竺明年
再送故人書

賜僧道瑄

獨羨昂昂野鶴軀幾多清興落江湖明年此夜中秋月萬里

懷人在　帝都

示盈藏主

槎牙山月散清涼遶却須彌照　帝鄉最是盈虧無往相明明箇裏會含藏

示默維那

堂司一載侍圓通曾談妙有論真空元來只要離言説　默斯能契我宗

送北禪啓幟首東歸兼寄南洲法師

濠梁相別已含情今日還遊萬里程好泛扁舟歸上國此生有約再尋盟

送僧靖圓歸峨眉

借問何年入大峨也知一念驗新羅來朝不覺鄉音改歸隱頻添逸興多

寄卧雲津道者

高僧飛錫去人間弘誓何年不出山有地盡如銀色界無心常似白雲閑

送僧靖圓還山

山僧談咲見天眞杯渡東溟萬里身悟悦林泉心自足風流寧讓虎溪人

送天禧侍者普應東還

祖師亦是嶺南人我愛遺風慕道真歸拜長千秋八月從今莫厭往來頻

送天禧侍者文旭東還

清秋別我去京師法主催歸己寄詩還聽九旬談妙旨再遊二峽是何時

賜羽士張蓬道二首

曾傳柱史五千言閲世于今九十年只待功成騎鶴去何勞海上謾求仙

我生亦有烟霞癖信是前緣豈偶然何處有仙憑寄語人間願住八千年

送張子壽還鄉收經籍

子壽爲文學柳州平生尤愛讀春秋河東暫遣收經籍歸之裏

還思錦不遊

翔鳳才高志屢恥於受屈予爲賦詩比之禰衡翔鳳

避不敢當故寫此以卻其疑

健筆要凌鸚鵡賦素心獨與白鷗盟當今江夏無黃祖好向

山中作禰衡

賜鄭秀才二首

南中暫去王文學谷口重來鄭子眞他時若也隨鴛鷺自有

文章可潤身

滎陽有子能從學千里山南不失期更向宋門求淑女從今舉案看齊眉

賜長史陳南賓

勸講高年抱朴忠金門出入冠諸公醇儒學應誰似無忝當時陳了翁

教授顧祿移居新宅以詩來獻賦此以答之

勸講誰居第一官吳興文學貫翁酸高堂政可奉慈母廣廈欲令寒士歡

和唐愚士贈顧祿五首

曳裾多士慕清儀得侍同朝慰所思退食自公無一事從容

花底賦新詩

大廷曾覩漢官儀只向王家職論思千首進呈餘五十爲言刪後豈無詩

舊時謾說淑人儀今日知君更孝思勸講由來須吉士終天長憶蓼莪詩

全蜀簪纓重表儀扁舟西上副懷思百花潭水清如昨好繼當年杜甫詩

落帽龍山醉後儀孟家風味可人思誰言一去無消息吴下新傳顧禄詩

因鄭壁東歸有懷醇翁長史四首

麟谿九葉羨高年昆仲尤推叔度賢　盛代衣冠多盛族子
孫瓜瓞福綿綿
我憶醇翁老大夫醇翁去此亦思吾萬里江河難覯面幾回
頻展義門圖
傅相後先陳與鄭賔僚張李列仙儒畫圖好作商山叟豈特
當年照乘珠
令孫襟度亦超然績學能文勝昔年比日東歸依洒祖好將
餘力更覃研

禪偈二首示銘仲新長老

烟海茫茫是汝家何須持地覓生涯翻身坐斷毘盧頂大底

無勞去算沙

杯渡滄溟事可誇學論門外有三車驀然撲著娘生鼻許拈

松関對落霞

禪偈二首示應千江長老

寄語山中老牯牛幾年箇事掛心頭何當拍手呵呵笑許汝

工夫得[illegible]

南[illegible]汝住栖賢有飯充飢有榻眠到此便應休歇去免教

[illegible]

[illegible]一首示銘仲新長老

一入深山便掩関禪心常共白雲閒夔翁此日張無盡遲子

重來守歲寒

訓導蔡長通冒暑遊山作此以慰之

蹉跎江海鬢毛蒼怨挾天風到我傍已許赤松尋舊約更邀
顧老共清狂

昨賦蔡長通夏夜遊山圖詩一首今再賦一首且遣
使馳賜以勞其還也

半生蹤跡侶漁樵贏得人呼小鮑昭試問東山高臥者只緣
此地絕炎歊

東山遊罷復西山知爾遊山興未闌人物風流詩句好歸來
細展畫圖看

與謝駙馬

城市傳呼看貴游那知染翰更清遒于今多少金閨彥才智如公豈易求

送鑑無礙歸舊隱 二首

瀟灑雲山一衲僧宗風重覩嶺南能堪嗟碌碌叢林者好慕斯人絕愛憎

宴坐龍池歲月深多生根境頓銷沉為言南北憧憧者好慕斯人了此心

賜林良顯并鄭公俊

孝哉林氏有賢郎痛念慈闈欲斷腸孺子近年居漢上可能

為爾弔親喪

林鄭將來亦善鳴秖緣早歲侍侯城曾言良顯如臣介公復尤誇神宸清

同謝駙馬重遊青羊宮草堂寺三首

青羊福地喜同遊駙馬題詩語更遒況是四時多景物目前有道不須求

聯轡城南記再遊興來終日不知道身中至實人誰識靈藥徒勞海上求

清溪道士愛雲遊白髮頻驚歲月遒投老青羊莫歸去自言塵世已無求

和詶駙馬遊草堂寺韻

昨日長安醉看花今朝又到梵王家老僧諭茗頻留客坐對高峯凌紫霞

賜僧慧彧詩二首

渝川川上獨逍遥白構菴居俗慮消此日從師不辭遠錫聲飛渡浙江潮

萬里相從濟古煩木杯東渡不驚鷗遷喬從此出幽谷望汝他年繼澹游

和典寳嗜酒歌子穆稼好學戲作一絶

清宵齋閤誰爲伴寂愛顚神有杜康若問故家遺俗在鳳鷁

驥子校書郎

勞問典寶正和景曾病二首

鶴髮蕭蕭一老儒吾門七載曳長裾昨朝忽報沾微恙惜爾藏書漫數櫥

卿今老病愁歸去我憶如卿不多遇願卿善保梁肉軀卜居尚覓草堂住

賜和典寶新荔枝并詩二首

石室藏書出較遲清風獨杖老人藜愛卿諷諫多眞率裁就新詩似滑稽

病瘦年來白髮新自稱紙補作藩臣梁園丹荔初頒賜奪

得歸家遺細君

賜教授万孝孺一絶

天台之山天下奇篤生賢者爲人師一官還向漢中去有如岐山鳳來儀

賜傑性空一絶 有引

性空耿介有抱負不爲世俗名利所汩有高蹈遠引之風予嘗愛其爲人絶不類尋常之衲子所謂喧啾百鳥羣見此孤鳳凰云暇日讀司馬溫公酬華嚴眞禪師詩特命詞臣録此以賜之

知足隨緣處處安一身溫飽不爲難禪房窄小纔容膝此外

從他世界覓

游江瀆廟

予到國兩月始出遊城中諸寺觀玆當兵燹之後未復舊日之觀所在宮寺十之一也况僧徒奔走南北而羽流更罕其人昔之以佛以道留名於世者我蜀中居多今不復見矣可勝歎哉亭午至江瀆廟有老翁一人童子扶持而出詢之王其姓元亮其名號靖菴年甫百歲蜀中之人也觀其貌聽其言乃知為異人予歸喜不自勝遂作偈二首以

賜之

道人濯濯隱林泉靜裏工夫幾許年七返九還龍虎會神
光彩映丹田
五千言外極無文就裏知機有幾人他日功成朝玉闕丹臺
會見列仙眞

雜著

賜陳留張璧門帖

家世相韓猶記少年之豪邁　股肱佐漢莫言老子之婆娑

歸牧窮搜詩句熟　掛冠老練世情通

賜教授呂奎還鄉綵旗對

講學實從於伊洛　讀書未遜於河汾

賜鄭長史致仕還義門綵旗對

百年禮義承天寵　萬里家山衣錦歸

蜀中好去香山老　江左歡迎綠野翁

門帖

親藩禮重賓師位　朝野名高孝義家
子孫同膳三千指　詩禮傳家四百年

題教授蔣夔紙箑

謙撝秉君子之風　純懿擅古人之美

題和典寶竹扇

君臣千載遇　忠孝一心生

賜秀才楊學可門帖

流水畫橋題柱客　清風精舍讀書人

賜良醫正溫良四字

諭教授義門鄭楷特書醫師之良四大字賜良醫正溫良子

子孫孫永永保之

賜伴讀蔡長通門帖

龍虎山中眞傲吏　芙蓉城裏列仙儒

寶賢堂門帖

國惟以賢才爲寶　士當以德行爲先

進趨相與由中道　退食從容樂太平

于以講君臣之道　幸同依日月之光

獻園睿製集卷之十七終

獻園睿製集後序

成化改元之三年五月甲申敬承

殿下睿旨以

曾祖獻園睿製詩文編集成帙示臣觀覽欲

鋟梓以傳乎遠

睿齡既自序之于首簡矣復命臣序之于後

臣雖愚陋敢不祗承

睿旨以宣揚

盛德之萬一乎臣惟文者載道之器大而天

地萬物之著人倫日用之常微而飲食衣
服之制威儀動靜之節皆道之所寓也然
是道也使非文以載之其何以宣著於當
時流傳於後世哉觀夫易詩書春秋禮樂
以有見焉天啓
皇明我
太祖高皇帝龍飛淮甸混一六合臨御以來孳
孳圖治博訪山林之高蹈遠引與夫鴻儒
碩士厚幣以招延之相與講明治道以法

制禁令一民志以詩書禮樂陶民心故四
海之内人人有士君子之風比屋有可封
之俗尚慮西蜀僻近邊陲恐民風未淳化
行未洽時
獻園尚在侍
側天資純粹義理淵微學貫天人才兼文武是
用奉
命來鎭茲土旣至惟
太祖家法是承知國之初首訪儒雅旁求博采

舉而用之以故前後左右皆文行禮法之
士朝夕相與講明至理惟身體而力行之
未幾而民俗以淳化行以溥而蜀郡之民
悉陶於政教之内矣由是於政務之餘出
言吐詞發而爲文章若書簡諭令序記賛
頌以及詩詞歌賦篇什浩瀚辭義髙古仰
而觀之若雲漢之昭回江河之流注自然
成章非使然而然者也然是皆
睿衷所發乎昔力行心得之餘無非至理所

在所謂美在其中暢於四肢發於事業者也所謂和順積中而英華發外者也豈若好奇尚怪雕蟲篆刻以求其工尋章摘句以務乎靡者可以窺乎涯涘哉雖然文以載道道以出治自然之理也我
太祖高皇帝以詩書禮樂化天下
獻園以詩書禮樂化一方
家法之行相承不旣迨我
睿主殿下惟恭敬而捧持之始終弗怠而斯

道之昭明有如日月之行乎天歷千萬世
而不替者臣預於我
蜀睿主有頌也長史司左長史臣楊子縈頓
首頓首謹序